論文・レポートを読み書きするための
理系基礎英語

臼井 俊雄 著
Usui Toshio

数学

物理学

化学

技術評論社

はじめに

みなさん、こんにちは。

今本書を手にとっているみなさんは、理系の英語論文や英語レポートを読み書きする必要性を強く感じているかもしれません。

本書では、理系の英語論文や英語レポートを読み書きできるようになるための具体的な勉強方法を学んでいきます。

最近では、大学受験生の約半数が理系志望だと言われています。一方で、多くの理系大学生が、理系ではこんなに英語論文を読まなければならないとは思わなかった、と理系英語に四苦八苦しているという話も聞きます。

理系では、学年が上がり専門課程に進むにつれて、英語の専門書や英語論文を読む機会が増えてきます。また、最近では大学院修士課程（博士前期課程）に進学する理系大学生が増えており、大学院入学試験に向けた理系英語の勉強も必要です。大学院生の中には、国際会議での英語発表準備に追われたり、英語論文執筆に悪戦苦闘する人もいるでしょう。さらに、卒業して研究員やエンジニアになれば、英語での学会発表・論文執筆・技術プレゼンテーション・技術仕様書作成・新製品紹介など理系英語を使う機会は数多くあります。

私も、理系出身者として、理系大学生から研究員やエンジニアの人たちが理系英語に苦労している状況が良くわかります。しかしその一方で、理系英語の正しい学習方法を教えてあげれば状況はかなり改善するはず、との強い思いもあります。

理系英語の学習方法の一つに、学習書を使って独学で勉強する方法があります。しかし、誠に残念なことですが、理系英語の良い学習書はあまりないのが実情です。書店に行けば、大学受験用の英語参考書や、TOEIC の英語学習書は山ほどあります。

しかし、理系英語の学習書はあまりないのです。

　私は、そのような状況を少しでも改善したいと思い、多くの理系学生や研究員・エンジニアの人たちが理系英語の基礎力を確実に身につけられる理系英語入門書を執筆したいと、長い間考えていました。特に、論文やレポートにおける理系英語の読み書きができるようになるためには、理系の人が理系英語で苦手とする①数式の読み方、②数式の入った英文、③理系用語、④理系例文についての学習が欠かせません。

　私がそう考えていた折に、技術評論社からの好意的な申し出もあり、念願の本書の執筆に取りかかることができました。

　そして、長い間思い描いていた数学、物理学、化学の基礎的な内容をベースにした理系英語入門書が出来上がりました。本書は、非常にコンパクトな本ですが、効率よく理系英語を習得するノウハウが凝縮されています。

　本書の内容をマスターすれば、理系の英語論文や英語レポートを読み書きする基礎力が身につき、独力で理系英語の世界に立ち向かっていける自信がつくでしょう。みなさんの頑張りに期待しています。

　最後に、英語例文に目を通してもらい、有益な助言をいただいたロンドン在住の友人、Roy Higgins 氏に心より感謝します。

2018年春　臼井　俊雄

目　次

はじめに　3

第1章　理系英語を読み書きするために　　7

1．読めるようになるには、「英語」の理系用語を覚えることが最重要 ……… 8

2．理系英語の特徴を知ろう ……… 10

3．書けるようになるには、使える英語例文知識を増やすことが最重要 ……… 19

コラム①　理化学辞典の勧め ……… 22

第2章　数式の読み方　　23

1．乗法（Multiplication） ……… 24

2．除法（Division） ……… 25

3．絶対値（Absolute Value） ……… 26

4．カッコ（Brackets） ……… 26

5．上付き文字・下付き文字（Superscript & Subscript） ……… 26

6．指数関数（Exponential Function） ……… 27

7．n乗根（n-th Root） ……… 28

8．関数（Function） ……… 29

9．対数（Logarithmic Function） ……… 29

10．三角関数（Trigonometric Function） ……… 30

11．ベクトル（Vector） ……… 31

12．簡略的な数式の読み方について ……… 31

第3章　数学に関する英語表現　　33

1．点と直線（Points and Lines） ……… 34

2．三角形（Triangle） ……… 40

3．四角形（Quadrilateral） ……… 44

4．円（Circle） ……… 49

5．球（Sphere） ……… 51

6．ピタゴラスの定理（Pythagorean Theorem） ……… 53

7．正弦定理（Law of Sines） ……… 54

8．余弦定理（Law of Cosines） ……… 56

9．二次方程式（Quadratic Equation） ……… 57

10．判別式（Discriminant） ……… 58

コラム②　理論式はシンプル ……… 60

第4章　物理学に関する英語表現　　61

1．ニュートンの運動の法則（Newton's Laws of Motion）　62
2．運動量（Momentum）　65
3．フックの法則（Hooke's Law）　66
4．位置エネルギー（Potential Energy）　68
5．単振り子（Simple Pendulum）　70
6．ケプラーの第3法則（Kepler's Third Law）　71
7．ニュートンの万有引力の法則（Newton's Law of Universal Gravitation）　72
8．屈折の法則（Law of Refraction）　74
9．オームの法則（Ohm's Law）　76
10．ジュールの法則（Joule's Law）　77
11．クーロンの法則（Coulomb's Law）　78
12．プランクの量子仮説（Planck's Quantum Hypothesis）　80
13．光電効果（Photoelectric Effect）　82

第5章　化学に関する英語表現　　85

1．原子（Atom）　86
2．周期表（Periodic Table）　91
3．水素（Hydrogen）　97
4．ヘリウム（Helium）　101
5．炭素（Carbon）　105
6．窒素（Nitrogen）　114
7．酸素（Oxygen）　124
8．フッ素（Fluorine）　131
コラム③　理系用語は、分野が違えば意味も違う　136

第6章　覚えておきたい理系用語　　137

1．数学用語（Terminology of Mathematics）　139
2．物理・化学用語（Terminology of Physics & Chemistry）　154

あとがき　197
著者紹介　199

第1章

理系英語を
読み書きするために

1. 読めるようになるには、「英語」の理系用語を覚えることが最重要

理系英語を読めるようになるためのポイント！

➡ 「英語」の理系用語を覚えることが最重要！

なぜ、理系英語が読めないのか？

➡ 「英語」の理系用語を知らないので、理系英語が読めない

(a) 高校の理系教科書には、「英語」の理系用語は全く記載されていない

(b) 高校の理系授業では、「英語」の理系用語を習うことはない

(c) 大学の理系授業でも、理系英語を習うことがほとんどない

　理系英語が読めるようになるためには、「英語」の理系用語を覚えることが最重要です。なぜ「英語」の理系用語を覚えることが最重要なのか、考えてみましょう。

　高校の理科系の科目、たとえば数学、物理学、化学、生物学などで、基礎的な内容とともに理系用語を「日本語」で習います。しかし、高校の教科書には、「日本語」の理系用語に対応する「英語」の理系用語は全く出てきません。また、授業で、「英語」の理系用語を習うこともありません。国際化が進む現代において、「英語」の理系用語を全く習わないのは変です！　しかし、この現状は、今後も変わる兆しがありません。

　高校で習う理系用語を具体的に見ていきましょう。

　次に、高校で習う「日本語」の理系用語の一例を示しました。カッコ内には、高校では習わない対応する「英語」の理系用語を示しました。みなさんは、「英語」の理

系用語についていくつ知っているでしょうか？

第1章 理系英語を読み書きするために

高校で習う「日本語」の理系用語（カッコ内は対応する「英語」の理系用語）

①陽子（proton）、②中性子（neutron）、③電子（electron）、
④原子核（atomic nucleus）、⑤作用（action）、⑥反作用（reaction）、
⑦運動（motion）、⑧運動量（momentum）、
⑨運動エネルギー（kinetic energy）、⑩加速度（acceleration）、
⑪元素（element）、⑫酸素（oxygen）、⑬水素（hydrogen）、
⑭ナトリウム（sodium）、⑮二酸化炭素（carbon dioxide）、
⑯硫酸（sulfuric acid）、⑰塩酸（hydrochloric acid）、⑱ベンゼン（benzene）、
⑲化学反応（chemical reaction）、⑳二重結合（double bond）、
㉑遺伝子（gene）、㉒タンパク質（protein）、㉓光合成（photosynthesis）、
㉔二重らせん（double helix）、㉕線分（line segment）、
㉖直角三角形（right triangle）、㉗平行線（parallel line）、㉘楕円（ellipse）、
㉙二次方程式（quadratic equation）、㉚平方根（square root）

　「日本語」の理系用語は、内容は別として、用語それ自体は難しくはありませんし、知らないものもほとんどないはずです。しかし、対応する「英語」の理系用語はあまり知らないのではないでしょうか？　高校の教科書にも出てきませんし、高校の授業で習うこともありません。また、大学の理系授業でも、理系英語を習うことがほとんどありません。そのような状況ですから、「英語」の理系用語を知らないのも、当然と言えば当然です。しかし、世界の共通語は英語であり、グローバル化が進む現在において、いつまでも「英語」の理系用語を知らないということでは済まされません。

　一番問題なのは、「英語」の理系用語を知らないと、理系の英語論文や英語レポートを読めないということです。このことは、誰にもすぐに理解できます。英文を読むときに、英単語を知らないと英文を読めないのと同じことなのです。

　理系の英語論文や英語レポートは、英文法的にはそれほど難しい英文ではありません。それゆえ、「英語」の理系用語を知っていれば、理系の英語論文や英語レポート

9

を読めるようになります。もちろん、論文などの内容を理解する知識や能力があるのが前提ですが、内容を理解する知識や能力は、英語自体の問題とは関係ありません。

　したがって、理系の英語論文や英語レポートを読めるようになるためには、まず「英語」の理系用語を覚えることが最重要です。本書では、順を追って学習していけば、「英語」の理系用語をできるだけ効率的に習得できるようになっています。初めは少し難しく感じるかもしれませんが、大丈夫です。2、3回繰り返して学習すれば覚えられます。安心してください。

2. 理系英語の特徴を知ろう

　次に、理系英語はどんな特徴があるのか見てみましょう。

　下に、高校の物理学で習う「水素原子スペクトル」に関する理系英文を示しました。この短い例文を見ながら、理系英語の特徴を理解するとともに、今後の理系英文の読み方・書き方の勉強方法について考えてみます。

1．水素原子のスペクトル（The Spectrum of the Hydrogen Atom）

The following empirical equation is known as the Rydberg formula, which was derived from Rydberg's study on many emission/absorption spectra of the hydrogen atoms.

$$\frac{1}{\lambda} = R\left(\frac{1}{n_1^2} - \frac{1}{n_2^2}\right),$$

where λ is the wavelength of the line spectrum, n_1 and n_2 are integers, and R is the Rydberg constant ($1.097 \times 10^7 \mathrm{m}^{-1}$). Meaningful values are obtained only when $n_2 > n_1$.

In 1913, Niels Bohr focused on this Rydberg formula in terms of energy changes of the electron in the hydrogen atom, and rewrote the formula into the energy-related equation as follows:

$$\Delta E = R\left(\frac{1}{n_1^2} - \frac{1}{n_2^2}\right),$$

where the constant R is now equal to 2.178×10^{-18}J.

[**日本語訳**]

次の経験式はリュードベリの式として知られていて、水素原子の多くの発光／吸収スペクトルに関するリュードベリの研究から導き出された。

$$\frac{1}{\lambda} = R\left(\frac{1}{n_1^2} - \frac{1}{n_2^2}\right),$$

ここで、λ は線スペクトルの波長、n_1 と n_2 は整数、R はリュードベリ定数（$1.097 \times 10^7 \mathrm{m}^{-1}$）である。意味のある値は、$n_2 > n_1$ の時に得られる。

1913年、ニールス・ボーアは、水素原子の電子におけるエネルギー変化の観点からリュードベリの式に焦点を当てた。そして、リュードベリの式をエネルギーに関係した次の式に書き直した。

$$\Delta E = R\left(\frac{1}{n_1^2} - \frac{1}{n_2^2}\right),$$

ここでは、定数 R は 2.178×10^{-18}J の値に等しくなる。

1ページほどの短い理系英文ですが、すらすら読めましたか？

日本語訳を読むと、内容的には特に難しくありません。高校程度の理系知識があれば、誰でも日本語で書かれた内容は理解できるはずです。また、数式が出てきますが、数式自体も、2乗の逆数を組み合わせたもので、中学生でも理解できます。

それでは、理系英文のどこが難しく感じるのかを考えてみましょう。

理系英文を読み書きできるようになるためには、大きく分けて、次の(a)〜(d)の4つのポイントを押さえる必要があります。この4点について、本書での勉強の仕方も含めて順を追って考えてみましょう。

理系英語の特徴と本書で学ぶこと

(a) 「英語」の理系用語

→ 理系英語を読みこなすために、本著で少しずつ「英語」の理系用語を覚えていきましょう。

(b) 数式

→ 数式が入った英文の書き方を覚えましょう。

(c) 数式の読み方

→ 学会発表やプレゼンテーションに必要ですので、数式の読み方を覚えましょう。

(d) 理系の英語表現

→ 理系英語を書くときに役立ちます。

(a) 「英語」の理系用語

すでに述べましたが、理系英文では、内容自体や英文そのものは難しくなくても、「英語」の理系用語を知らないと、すらすらとは読めません。

例文には、次に示す理系用語が出てきました。仮に、次に示した理系用語を知っていれば、例文は難なく読めたに違いありません。読めるようになるためには、「英語」の理系用語を覚えることが最重要なのです。もちろん、英語論文を書く場合にも、理系用語を知っていることが前提になることは言うまでもありません。ですから、本書に出てくる理系用語はすべて覚えるように努力しましょう。英語論文を書こうとしている人は、論文を書くと言う観点から理系用語や例文を再確認してみてください。

また、大学院入試にも理系英語の試験がありますから、「英語」の理系用語を覚え

ておけば、大学院入試の英語試験にも役に立ちます。

第1章

理系英語を読み書きするために

例文に出てきた理系用語

□ **spectrum** スペクトル
➡ 複数形は spectra。日本語の「スペクトル」はフランス語から来ています。

□ **hydrogen atom** 水素原子

□ **the following 〜** 次の〜
➡ 英語論文を書く場合に便利な表現です。

□ **empirical equation** 経験式

□ **Rydberg formula** リュードベリの式

□ **be derived from 〜** 〜から導かれる

□ **study** 研究
➡ study は専門的な研究を意味します。

□ **emission/absorption spectra** 発光／吸収スペクトル
➡ 同じようなものを併記する場合にスラッシュ（／）を使います。スラッシュを使った英文を書けるようになると、簡潔な英語表現ができます。

□ **where ここで**
➡ where は、式などで、説明をつなげる場合に用います。数式の入った英文では必須用語です。

□ **wavelength** 波長

□ **line spectrum** 線スペクトル

□ **integer** 整数

□ **Rydberg constant** リュードベリ定数

□ **value** 値

□ **in terms of 〜** 〜の観点から
➡ 英語論文を書く場合に便利な表現です。

□ **energy change** エネルギー変化

□ **electron** 電子

□ **energy-related equation** エネルギーに関係する式

□ **as follows** 次の通りで［に］
➡ 通例コロン（:）を次に置き、例示するものを下に列挙します。書き方を覚えましょう。

13

(b) 数式

　理系英文では、数式が出てくる場合があります。

　英語論文を書こうとする人は、数式が入った英文表現を覚えましょう。数式が入っている英文と言っても、英文の書き方は特別難しいものではありませんので、安心してください。

数式が入った英文

→ 数式自体は文の一部なので、文の最後は［.（ピリオド）］を打って文を終了させる

$$\frac{1}{\lambda} = R\left(\frac{1}{n_1^2} - \frac{1}{n_2^2}\right),$$ ←（数式の終わりにカンマ（,）を打って文を区切り、where（ここで）... 以下の文につなげている）

where λ is the wavelength of the line spectrum, n_1 and n_2 are integers, and R is the Rydberg constant $(1.097 \times 10^7 \mathrm{m}^{-1})$. ←（文末にピリオド（.）を打って文を終了させている）

数式を含んだ理系英文の一般的な注意点

　たとえ数式であっても、数式自体は文の一部ですので、文の最後は［.（ピリオド）］を打って文を終了させます。最近では、この原則がおろそかになっている論文も散見されますが、英語論文を書こうとする人は、理系英文のきちんとした書き方を身につけましょう。

　例文では、数式の後に数式に出てきた記号（λ, n_1, n_2, R）の説明があるため、式の後を［,（カンマ）］で区切り、［where（ここで）］で前の式とつないで、式の中に出てきた記号の説明をした後に［.（ピリオド）］を打って文が終了しています。仮に、［where（ここで）］以下の説明の部分がなければ、次のように、式の最後に［.（ピリオド）］を打って文を終了させます。

$$\frac{1}{\lambda} = R\left(\frac{1}{n_1^2} - \frac{1}{n_2^2}\right).$$ ←ピリオド（.）を打って文を終了

(c) 数式の読み方

例文では、数式や定数（$1.097 \times 10^7 \mathrm{m}^{-1}$ や $2.178 \times 10^{-18}\mathrm{J}$）が出てきました。

理系の人は、学会発表や技術プレゼンテーションなどで発表する機会があると思います。その場合、数式が読めないようでは困ります。

そこで、本著では、基礎的な数式や定数の読み方について、第2章で学習します。また、数式には、一般に数式の読み方は記載されていませんが、本著では数式の読み方を学べるように、数式の下にカッコ付で数式の読み方を記載してあります。

例文に出てくる数式の読み方については、次のようになります。

例文に出てきた数式の読み方

(a) $\dfrac{1}{\lambda} = R\left(\dfrac{1}{n_1^2} - \dfrac{1}{n_2^2}\right)$　**読み方** One over λ equals R times one over n sub one squared minus one over n sub two squared

(b) λ　**読み方** lambda [lǽmdə]　（ギリシャ文字のラムダ）

(c) n_1　**読み方** n sub one

(d) n_2　**読み方** n sub two

(e) $1.097 \times 10^7 \mathrm{m}^{-1}$　**読み方** one point zero nine seven times ten to the seven meter to the minus one

(f) $n_2 > n_1$　**読み方** n sub two is greater than n sub one

(g) $\Delta E = R\left(\dfrac{1}{n_1^2} - \dfrac{1}{n_2^2}\right)$　**読み方** Delta E equals R times one over n sub one squared minus one over n sub two squared

(h) $2.178 \times 10^{-18}\mathrm{J}$　**読み方** two point one seven eight times ten to the minus eighteen joule

⒟　理系の英語表現

　理系英文を読むときには、英語表現にも着目しましょう。印象的なきらりと光る英語表現に出会ったら、自分自身の専用のノートをつくり、そこにメモして覚えるようにします。理系用語を覚えるときは、単語として覚えるより、例文ごと覚えた方が効果的です。また、論文を書こうとしている人は、自分の論文に活用するためにも、できる限り例文ごと覚えましょう。日本語訳から元の英文に戻す、和文英訳も行って、確実に覚えているか確認します。繰り返し例文を反復し、単に知っている知識から、理系英文を書く場合に確実に使える知識にしておくことが重要です。

　どのような文をノートに取っていくか、いくつか、例を挙げますので一緒に考えてみましょう。

気に入った表現をマイノートに書き留めて覚える

➡ 気に入ったポイントも書いておく

⒜　The measurements of the sensing characteristics of the sensor were carried out in an electric furnace, the temperature of which was maintained constant to within ±1℃.

センサのセンシング特性の測定は電気炉中で行い、電気炉の温度は±1℃以内の一定に保った。

［表現ポイント］関係代名詞 which を使っていますが、ポイントは二つあります。

①非制限用法の関係代名詞 which

　先行詞（an electric furnace）の後にカンマ（,）があり、一度文章が終わった形にしたうえで、電気炉の温度（the temperature of which）は、と文をつなげています。論文を書く場合に、このような関係代名詞の非制限用法は、便利な表現方法ですので、是非覚えて使えるようにしましょう。

②関係代名詞 which の前に単語が入る表現

　関係代名詞 which（＝an electric furnace）の前に the temperature of がありますが、このような関係代名詞の前に単語が入る表現は慣れないとなかなか

書けないものです。このような英文に出会ったら、是非まねをして、使えるようにしたいものです。

(b) Extrapolation of the straight line region to the current axis yielded a certain current value.

直線領域を電流の軸に外挿すると、ある電流の値が得られた。

［表現ポイント］この英文のポイントは、Extrapolation of A to the B axis yielded C.（A を B 軸に外挿すると C が得られた）と言う表現です。理系英文では、無生物主語の文が多く使われます。こういった英文も、自分で書くのは容易ではありません。参考にしたいものです。

(c) Substituting Eq. (1) into Eq. (2) gives Eq. (3).

式 (1) を式 (2) に代入すると、式 (3) が得られる。

［表現ポイント］Eq. (1) は Equation (1) の省略形です。Figure 1（図 1）も、Fig. 1 の省略形が良く使われます。

この英文のポイントは、Substituting A to B gives C.（A を B に代入すると、C が得られる）と言う表現です。こういった表現をたくさん知っていれば、英語論文を書くのに応用ができて、英語論文を書くのも怖くありませんね。

(d) Figure 4 shows the change of resulting X-ray spectra emitted from the thin film as a function of the X-ray take-off angle.

図 4 は、得られた薄膜からの放射 X 線スペクトルの変化を X 線取り出し角の関数として表したものである。

［表現ポイント］覚えておきたい理系表現がいくつかあります。

①**Figure 4 shows …（図 4 は、…を示している）**

show（示す）と言う単語は、図 (figure) や表 (table) が…を示している、という意味で理系論文には非常に多く使われます。as shown in Table 2（表 2 に

示すように）などのように過去分詞表現も使われます。

②**resulting（結果として得られた）**

result（結果として得る）の現在分詞を用いた形式で、実験などで得られたデータなどを表現する場合に用いられます。

③**X-ray spectra emitted from … （…から放射された X 線スペクトル）**

emitted という emit（放射する）の過去分詞が前の X-ray spectra を修飾しています。X-ray spectra (which were) emitted from … のように、which were が省略されていると考えられます。しかし、文が長くなるのを避けるため、過去分詞形を修飾語として用いる表現が理系英語では多用されます。spectra は、spectrum の複数形でしたね。

④**as a function of … （…の関数として）**

function は「関数」と言う意味です。例、二次関数（quadratic function）

(e) Table 2 shows the experimentally obtained data, indicating that they agreed well with the theoretical calculations within experimental error.

表2は、実験で得られたデータを示したもので、実験誤差範囲内で理論計算とよく一致していることを示している。

[表現ポイント] 現在分詞表現（indicating that … （…のことを示している））は、文をつなぐ場合などにもよく用いられます。この文では、

Table 2 shows the experimentally obtained data. と These data agreed well with the theoretical calculations within experimental error. の2つの文になるところをうまく1つの文にまとめて、英文が長くなるのを避けています。

いかがでしたか。英文を読むときに、自分が論文を書くときにこの表現は使えるかもしれない、と思って読んでいくと、英文を読むことが楽しくなってきます。皆さんもぜひ、試してみてください。

3. 書けるようになるには、使える英語例文知識を増やすことが最重要

英語論文や英語レポートを書こうとする場合、言うまでもないことですが、理系英語が読めることが大前提になります。読めなければ、当然ながら書けません。したがって、まずは、読むための基礎力をもう一度再確認してください。特に、「英語」の理系用語をどの程度知っているかを再確認してください。

そのうえで、理系英語を書くために重要な(a)〜(c)の3点について、説明したいと思います。

理系英語を書けるようになるためのポイント！

→ 使える英語例文知識を増やすことが最重要！

なぜ、理系英語が書けないのか？

→ 書くために必要な下記(a)〜(c)の3条件が欠如しているので、理系英語が書けない

(a) 論文の論理構成力

→ 英語の問題ではありません。日本語で、論文の論理構成を的確に表現できなければなりません。

(b) 英文法知識

→ 正しい英文を書くためには、言うまでもないことですね。

(c) 使える英語例文知識

→ 良い英文をまねることが、書けるようになるための早道です。

(a) 論文の論理構成力

理系論文の一般的な構成は、タイトル（Title）、著者名（Author(s)）、所属先

(Organization(s))、受付・掲載受理した日付（Received and Accepted）、要旨（Abstract）、はじめに（Introduction）、実験（Experiments）または理論（Theory）、結果と考察（Results and Discussion）、まとめ（Conclusion/Summary）、謝辞（Acknowledgments）、参考文献（References）のような形式になります。特に、要旨や結果と考察のところで、自分の主張したい内容、あるいは言いたい内容を読む人に確実にかつ説得力ある表現で書くことが必要です。日本語で、論文の論理構成を的確に表現できないものは、英語でも的確には表現できません。説得力のある論文の論理をいかに構成できるかは、英語の問題ではありません。

　本書は英語の読み書きの方法論に焦点を当てていますので、論文の論理構成について学ぶためには、日本語の論文の書き方に着目した他の本で学ぶことをお勧めします。

(b)　英文法知識

　英語論文や英語レポートを書こうとする場合、英文法知識がないと正しい英文が書けないのは言うまでもありません。理系英文では、難しい英文を書く必要はありません。小説のようないろいろな意味に解釈ができるような英文は好ましくありません。正しい英文で、一つの意味にしか読み取れないような英文が書ければよいのです。

　ですから、一度、英文法を復習しておくことをお勧めします。分厚い英文法の本は必要ありません。やさしい英文法の本で構いませんので、一度復習してください。英文法の問題集を併用すると、どのくらい英文法の知識が身に付いたか確認できます。

　英文法知識が確実になってきますと、理系英文を読んだときに、この文は、文法的にはこのような形式だな、とか、もう少し簡潔に表現するにはこうした表現の方がよいのではないか、など、英文を見る視点が変わってきます。

(c)　使える英語例文知識

　英語論文や英語レポートを書こうとする場合に、すでに述べた次の 2 つが前提条件になります。

① 　論文作成のための論理構成力があること

② 　英文法知識があること

この 2 つの前提条件に自信がない方は、本書の勉強と平行して、この 2 つの前提条件を満たすための勉強を進めてください。

英語論文や英語レポートを書くためは、理系用語などを入れ替えたり、部分的に表現を代えればそのまま借用して使える理系例文知識をたくさん知っていることが最重要です。

英語例文をたくさん知っていれば、実際に理系英文を書く場合に大いに役立ちます。

本書における学習では、日本語訳から英語に直す和文英訳の練習を繰り返しましょう。

私たち日本人が英語論文を書く場合、何も参考にしないですらすらと英語論文を書ける人はほとんどいません。ほとんどの日本人は、ネイティブの人が書いた英語論文の中から使える英文を参考にして自分の論文を書いています。ですから、皆さんも英語論文を読んだときに、自分が論文を書くときに使えそうな英文をノートに書き留めておきましょう。日本語訳は自分で行うのは言うまでもありません。気に入った理系の英語表現をノートに書き留めるやり方はすでに説明したとおりです。是非、気に入った理系英語表現を書き留めたマイノートを作って、覚えるようにしてください。その時、日本語から英語に直す和文英訳の練習を忘れずに行いましょう。必ず皆さんの理系英語力に生きてくるはずです。

コラム①

理化学辞典の勧め

　理系英語の学習に、辞書は欠かせません。もちろん『英和辞典』は必要ですが、それだけでは十分ではありません。一般の『英和辞典』には、理系の日本語訳が載っていない場合も多く、仮に理系の日本語訳が載っていても、内容説明がありませんので、理系知識がないと日本語訳の意味が理解できません。それゆえ、理系英語の学習でお勧めなのが、『理化学辞典』（岩波書店）です。巻末に、英語などの用語索引がありますので、英語から日本語の用語を調べることができます。また、日本語での用語解説がありますので、用語の意味を理解することができます。採録されている用語が、数学・物理学・化学・生物学など幅広いため、専門課程に進むまでの大学生には最適と考えられます。

　私は、日本語の学術用語に相当する英語の学術用語を調べるときに『理化学辞典』をよく使います。他の辞書などで、英語の学術用語が複数個ある場合、どの用語が学術用語として一番ふさわしいか迷う場合があります（みなさんも、英語の論文やレポートを書くときは、同じような体験をすると思います）。その場合には、『理化学辞典』に載っている用語が学術用語として一番ふさわしいと判断します。なぜならば、『理化学辞典』は多数の専門家によって編集・執筆されていますので、内容的には信頼がおけるからです。

　しかし、『理化学辞典』にも欠点があります。それは、専門分野ごとの学術用語数が限られていることと、最新の学術用語が載っていないことです。これは、仕方のないことだと考えます。それゆえ、専門分野の研究論文を読みこなすためには、より専門的な『辞典』を併用するしかないですね。そもそも、『辞典』の編集は時間がかかる作業ですから、最新の学術用語が『辞典』に載っていないのは、『理化学辞典』だけのことではなく、より専門的な『辞典』にもいえることです。最新の学術用語は、専門の学会誌などの解説記事や総説などをチェックしていくしかありません。そのようなレベルになっていれば、すでにこの本の内容は卒業しているはずですね。

第2章

数式の読み方

数式が読めれば、学会発表も技術プレゼンテーションも怖くない

　既に第1章のところで説明しましたが、理系英文の大きな特徴の一つは、数式が出てくることです。理系の人は、学会発表や技術プレゼンテーションをする場合もありますから、数式の読み方がわからないのでは困ります。したがって、この章では、本書に出てくる数式を英語で読むために必要な、最低限の数式の英語の読み方について学習します。

　より詳細に、四則演算、四捨五入から微分、積分までの英語の読み方を総合的に学びたい方は、以下の拙著①を参照してください。また、本書を一通り読み終えましたら、数式を含む理系英語について書いた、拙著②にチャレンジすることをお勧めします。

①「CD BOOK　教養としての理系の英語：数式の読み方から理系の英語表現・語彙」
　（ベレ出版）
②「MP3 CD-ROM 付き　科学の知識と英語を身につける」（ベレ出版）

　それでは、数式の読み方について、順を追って確認していきましょう。

1. 乗法 (Multiplication)

① $ab, \ a \times b, \ a \cdot b$　　[式の読み方] a times b, a multiplied by b]

→ [読み方のポイント] $ab, \ a \times b, \ a \cdot b$ のいずれの表現も [a 掛ける b] の意味で、

数式の英語の読み方は ［a times b］です。［time］は ［掛ける］という意味で、［a］などの項は三人称単数現在扱いになるので、［times］のように ［s］がつきます。数式に出てきた場合の ab は、［times］を抜かして、［ab］とそのまま読むのが一般的です。［a multiplied by b］の読み方は、$a \times b$ を読む場合に見られますが、数式の読み方は基本的に ［a times b］を覚えましょう。

2. 除法 (Division)

① $\dfrac{a}{b}$, $a\!\!\diagup\!\!_b$　　［式の読み方 a over b］

→［読み方のポイント］割り算を意味する分数の読み方は、［分子 over 分母］すなわち ［a over b］です。数式では、ほとんどこの読み方になります。

② $a \div b$　　［式の読み方 a divided by b］

→［読み方のポイント］数式では、ほとんど ［÷］の記号は出てきません。

③ $\dfrac{1}{2}$　　［式の読み方 one half (a half), one over two］

④ $\dfrac{1}{4}$　　［式の読み方 one quarter (or a quarter), one over four］

→［読み方のポイント］「$\dfrac{1}{2}$」、「$\dfrac{1}{4}$」は、例外として、それぞれ「half（半分）」、「quarter $\left(\dfrac{1}{4}\right)$」を使う読み方があります。

3. 絶対値 (Absolute Value)

$|a|$ [式の読み方] the absolute value of a]

→[**読み方のポイント**] 絶対値は、「the absolute value of ～」と読みます。

4. カッコ (Brackets)

(ab) [式の読み方] ① ab in parentheses (カッコ ab)]

[式の読み方] ②   (open) parenthesis ab (close) parenthesis (カッコ 開く ab カッコ閉じる)]

→[**読み方のポイント**] カッコを入れて読むのが正式ですが、カッコを入れて読むと 長く煩雑になります。そのため、数式では、特に問題にならない場合にはカッコ は読みません。

□ **parenthesis, pl. parentheses** カッコ

5. 上付き文字・下付き文字 (Superscript & Subscript)

① x' [式の読み方] x prime]

→[**読み方のポイント**] "x dash" と読まないこと。

② x'' [式の読み方] x double prime]

➡ [**読み方のポイント**] "x two dash" と読まないこと。

③ x'''　[式の読み方　x triple prime]

➡ [**読み方のポイント**] "x three dash" と読まないこと。

④ x_1　[式の読み方　x sub one]

➡ [**読み方のポイント**] "x one" と読まないこと。"x one" と読むと "$x1$" を意味することになります。

⑤ $x_1 + x_2 + x_3 + \cdots\cdots + x_n$　[式の読み方　x sub one plus x sub two plus x sub three plus, and so on, plus x sub n]

➡ [**読み方のポイント**] 「x one plus x two plus x three plus, and so on, plus x n」と読むと、「$x1 + x2 + x3 + \cdots\cdots + xn$」と誤解されます。

6. 指数関数 (Exponential Function)

① x^n

[式の読み方①　x to the n-th power]

[式の読み方②　x to the n-th]

[式の読み方③　x to the power of n]

[式の読み方④　x to the n]

➡ [**読み方のポイント**] x^n の読み方は、4通りあります。①と③が正式な読み方で、②と④は、power または power of を省略した読み方です。④が一番簡単な読み方であり、④を覚えればよいでしょう。

② $x^{1.6}$　[式の読み方①　x to the one point six]

➡ [**読み方のポイント**] 小数点の入った数字は、point を入れて数字をひとつずつ読みます。したがって、1.6は、one point six と読みます。

27

③ $x^{\frac{2}{3}}$　[式の読み方 x to the two over three]

④ x^{-3}　[式の読み方 x to the minus three]

⑤ x^{3a+1}　[式の読み方 x to the three a plus one]

⑥ x^2　[式の読み方 x squared]

⑦ x^3　[式の読み方 x cubed]

→[**読み方のポイント**] x^2と x^3は、慣用的にそれぞれ、[x squared] [x cubed] と読みます。

⑧ e^x　[式の読み方 e to the x]

7. n 乗根 (n-th Root)

① $\sqrt[n]{x}$　[式の読み方 the n-th root of x]

→[**読み方のポイント**] n 乗根は [the n-th root of 〜] と読みます。

② $\sqrt[n]{x^m}$　[式の読み方 the n-th root of x to the m]

→[**読み方のポイント**] x^m は、[x to the m] と読みます。

③ $\sqrt{x}$　[式の読み方 the square root of x]

→[**読み方のポイント**] 平方根は、慣用的に [the square root of 〜] と読みます。

④ $\sqrt[3]{x}$　[式の読み方 the cube root of x]

→[**読み方のポイント**] 立方根は、慣用的に [the cube root of 〜] と読みます。

8. 関数 (Function)

① $y = ax + b$ 　[式の読み方] y equals ax plus b

→ [読み方のポイント] 左辺 (left(-hand) side) と右辺 (right(-hand) side) は [equals] で結びます。左辺は、三人称単数現在の扱いですから、[equal] でないことに注意しましょう。ax はそのまま読みます。掛けるを意味する times を入れて読む必要はありません。

② $f(x) = ax^2 + bx + c$ 　[式の読み方] f of x equals ax squared plus bx plus c

→ [読み方のポイント] $f(x)$ は [f of x] と読みます。ax^2 は [ax squared] です。

③ $y = (x + 3)(x - 3)$ 　[式の読み方] y equals x plus 3 times x minus 3

→ [読み方のポイント] 通常、式をみんなが見ている場合には、カッコは読みません。カッコは読みませんが、$(x+3)$ と $(x-3)$ の間の「掛ける」を意味する times を入れます。カッコを入れて読むと、[y equals (open) parenthesis x plus 3 (close) parenthesis times (open) parenthesis x minus 3 (close) parenthesis] となります。少し読むのが大変ですね。

9. 対数 (Logarithmic Function)

① $\log_a x$ 　[式の読み方] (the) log (of) x to the base a

→ [読み方のポイント] 底 a を入れて読む場合は、[to the base a (底 a に対する)]

がつきます。

□ **base** 底

② $\log x$ 　　[式の読み方 (the) log (of) x]

③ $\ln x$ 　　[式の読み方 natural log (of) x]

➡ [読み方のポイント] 底が e の自然対数です。

10. 三角関数 (Trigonometric Function)

① $\tan \theta = \dfrac{\sin \theta}{\cos \theta}$ 　　[式の読み方 Tangent theta equals sine theta over cosine theta]

➡ [読み方のポイント] $\tan \theta$ の読み方は、[tangent (of) theta]、$\sin \theta$ は、[sine (of) theta]、$\cos \theta$ は、[cosine (of) theta]。

② $\sin^2 \theta + \cos^2 \theta = 1$

[式の読み方① Sine squared (of) theta plus cosine squared (of) theta equals one]

[式の読み方② The square of sine theta plus the square of cosine theta equals one]

➡ [読み方のポイント] 一番簡単な [読み方] を覚えましょう。すなわち、$\sin^2 \theta$ は、[sine squared theta]、$\cos^2 \theta$ は、[cosine squared theta] の読み方を覚えましょう。

11. ベクトル (Vector)

① $\vec{a}$ $\overrightarrow{AB}$ [式の読み方] The vector a equals the vector AB]

→[**読み方のポイント**] ベクトルは、[the vector 〜] と読みます。

12. 簡略的な数式の読み方について

　本書では、カッコを読まない簡略的な数式の読み方を用いています。掛けるは [times] で、イコールは [equals] で、特に問題がない限りカッコは読みません。数式を読むときは、一般には数式が書かれた本やスクリーンに映し出された数式を全員が見ている場合が多いですね。聞く人が同じ数式を見ていますので、簡略的な数式の読み方を用いて読んでも誤解される心配はほとんどないでしょう。

　それでは、カッコを読まない簡略的な数式の読み方で本当に問題がないのか、考えてみましょう。

　たとえば、$a(b+c)d$　と言う式を読む場合はどうでしょうか。

　読み方には、以下に示します①の簡略的な読み方と②のカッコを入れて読む読み方の2通りがあります。

[読み方①] a times b plus c times d

[読み方②] a times (open) parenthesis b plus c (close) parenthesis times d

　①のカッコを読まない読み方は、②のカッコを入れて読む読み方の半分くらいで読めますので、簡単ですね。

それでは、①の簡略的な数式の読み方を、目を閉じて聞いていたら、聞いた人はどのような数式を思い浮かべるでしょうか？

　①の簡略的な数式の読み方［a times b plus c times d］からは、次の4種類の数式が考えられます。しかし、数式が書かれた本やスクリーンに映し出された数式を全員が見ている場合では、聞く人が同じ数式を見ていますので、（ⅰ）$a(b+c)d$ 以外の（ⅱ）から（ⅳ）の数式のことだと勘違いする人はいないはずです。したがって、簡略的な数式の読み方で読んでも問題がないのです。

　ただし、誤解を避けて正確に読むときなどは、カッコを入れて正確に読む必要があります。

［読み方①］a times b plus c times d から予想される4つの数式

（ⅰ）　$a(b+c)d$

（ⅱ）　$a \times b + c \times d$

（ⅲ）　$(a \times b + c)d$

（ⅳ）　$a(b + c \times d)$

第3章

数学に関する
英語表現

理系英語の基礎は、数学英語から

　この章からは、理系の科目ごとに、「英語」の理系用語や理系英文を学んでいきます。基本的な理系英語をしっかり覚えましょう。また、英文を何度も繰り返して覚え、英文を書けるようにしましょう。書けるようになるためには、日本語訳から英語例文に戻す和文英訳が効果的です。

　わたしたちは、小学校・中学校・高校で、図形から始まっていろいろな算数・数学を学びます。本章では、基本的な図形や数学についての英語表現について学びます。

1. 点と直線（Points and Lines）

(1-a) 点、線分、半直線、直線（Point, (Line) Segment, Ray, and (Straight) Line）

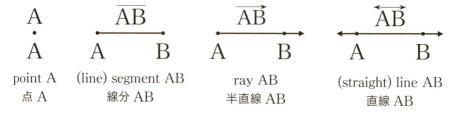

| point A | (line) segment AB | ray AB | (straight) line AB |
| 点 A | 線分 AB | 半直線 AB | 直線 AB |

→ **［ポイント］** 点（point）、線分（(line) segment）、半直線（ray）、直線（(straight) line）の区別をしっかり覚えましょう。線分は、line segment と segment のどちらも使えます。直線も straight line と line のどちらも使えます。

(1-b) 直交する直線（Perpendicular Lines）

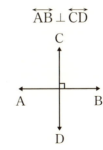

(1) Line AB is perpendicular to line CD.

直線 AB は直線 CD に直交している。

> □ **be perpendicular to 〜**　〜に直交している、〜に垂直である
> → perpendicular には［形］垂直な、［名］垂線、の二つの意味があります。
>   例 length of perpendicular（垂線の長さ）。

(2) Lines AB and CD intersect each other at right angles.

直線 AB と直線 CD は、互いに直交する。

> □ **intersect at right angles**　直角に交差する、直交する
> → intersect は、交差する、交わる、という意味ですが、at right angles（90度で）という表現が加わっているため、直角に交差する、直交する、という意味になります。

(1-c) 平行する直線（Parallel Lines）

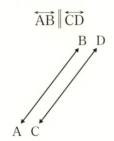

(3) Line AB is parallel to line CD.
　　直線 AB は直線 CD に平行である。

> □ **be parallel to ～**　～に平行である
> → 日本では、平行の記号は [∥] ですが、海外では [‖] の記号を使います。「円周率」に相当する英語がないのと同じで、日本独自の数学表現です。

(4) Lines AB and CD are parallel to each other.
　　直線 AB と直線 CD は、互いに平行である。

→ [ポイント] line AB と line CD (直線 AB と直線 CD) なので、Lines AB and CD のように line が複数形になっています。

(1-d)　交差する直線（Intersecting Lines）

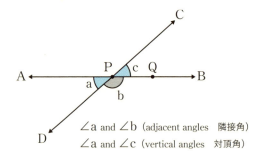

∠a and ∠b (adjacent angles　隣接角)
∠a and ∠c (vertical angles　対頂角)

> □ **adjacent angle**　隣接角　(**adjacent**　隣接した)
> □ **vertical angle**　対頂角　(**vertical**　頂点の　**cf. vertex**　頂点)

(5) Line AB intersects line CD.　直線 AB は直線 CD と交差する。

→ [ポイント] intersect は、交差する、交わる、という意味でしたね。

(6) Point P is the intersection point of lines AB and CD.
　　点 P は、直線 AB と直線 CD の交点である。

- ☐ **intersection point**　交点
- ☐ **lines AB and CD**　直線 AB と直線 CD
- ➡ 二つの直線をまとめて言いますので、lines のように line が複数形になっています。

（7）Point Q is a point on line AB.

点 Q は、直線 AB の上にある点です。

(1-e)　横断線と 2 つの平行線の関係
(Relationship between a Transversal and two Parallel Lines)

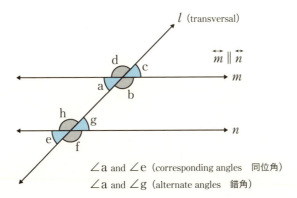

∠a and ∠e (corresponding angles　同位角)
∠a and ∠g (alternate angles　錯角)

- ☐ **corresponding angle**　同位角
- ☐ **alternate angle**　錯角

（8）When a transversal intersects a pair of parallel lines, the sum of measures of any acute angle and any obtuse angle is 180°.

横断線が、2 つの平行線と交差する時、鋭角と鈍角の和は必ず180°になる。

- ☐ **transversal**　横断線
- ☐ **a pair of ~**　一組の~、二つの~
- ☐ **parallel line**　平行線
- ☐ **sum of ~**　~の和、~の合計
- ☐ **angle**　角

- ☐ **measure of angle** 角度
- ➡ 角度という場合には、measure of 〜となります。
- ☐ **acute angle** 鋭角 (**acute** 鋭角の、先のとがった)
- ☐ **obtuse angle** 鈍角 (**obtuse** 鈍角の)
- ➡ 一本の横断線 (a transversal) が、2つの平行線 (parallel lines) と交差する場合の関係 (relationship) です。

(1-f) 補角 (Supplementary Angles)

$$\angle APC + \angle BPC = 180°$$

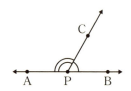

(9) When the sum of the measures of two angles is 180°, the angles are said to be supplementary.

二つの角度の和が180°の場合は、二つの角は補角をなしていると言う。

- ☐ **supplementary angle** 補角
- ☐ **be said to 〜** 〜と言われる
- ☐ **be supplementary** 補角をなす

(1-g) 余角 (Complementary Angles)

$$\angle DQE + \angle BQE = 90°$$

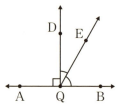

(10) When the sum of the measures of two angles is 90°, the angles are said

to be complementary.

二つの角度の和が90°の場合は、二つの角は余角をなしていると言う。

- **complementary angle** 余角
  → 補角は二つの角度の和が180°の場合で、余角は二つの角度の和が90°の場合ですね。
- **be complementary** 余角をなす

(1-h) 角の二等分線（Angle Bisector）

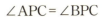

∠APC = ∠BPC

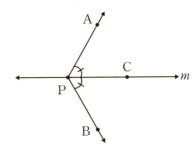

(11) In the above figure, line m divides ∠APB (angle APB) into two equal angles. Therefore, line m is said to bisect the angle APB.

上の図で、直線 m は、角 APB を2つの等しい角に分けている。したがって、直線 m は角 APB を二等分していると呼ばれる。

- **angle bisector** 角の二等分線
  → bisector は二等分線ですが、前に angle（角）が付いていますので、角の二等分線になります。
- **in the above figure** 上の図で
  → figure（図）と table（表）はセットで覚えておきましょう。省略形は、fig. 1（図1）と tab. 3（表3）のようになります。
- **divide A into B** A を B に分ける
- **angle APB** 角 APB
  → ∠APB を読む場合は、angle APB と読みます。
- **bisect** 二等分する

(1-i) 線分の二等分線 (Bisector)

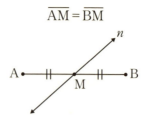

(12) In the above figure, line *n* divides line segment AB into two equal line segments. Therefore, line *n* is said to bisect the line segment AB. Point M is called the midpoint of the line segment AB.

上の図で、直線 *n* は、線分 AB を 2 つの等しい線分に分けている。したがって、直線 *n* は線分 AB を二等分しているという。点 M は線分 AB の中点と呼ばれる。

- ☐ **bisector** （線分の）二等分線
- ➡「二等分する」は bisect でしたね。
- ☐ **(line) segment** 線分
- ☐ **midpoint** 中点

2. 三角形 (Triangle)

次に、三角形についての英語表現を学びましょう。

(2-a) 正三角形 ABC (Regular Triangle ABC)

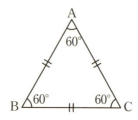

(13) A regular triangle is a triangle in which all three sides are equal and all three internal angles are each 60°.

正三角形は、すべての3辺が等しく、またすべての3つの内角がそれぞれ60度です。

- ☐ **triangle** 三角形
- ☐ **regular triangle ABC** 正三角形 ABC
- → 正三角形 ABC は、regular triangle（正三角形）の後に「ABC」をつけるだけです。
- ☐ **a triangle in which all three sides are equal …**
- → 関係代名詞 which の先行詞は a triangle です。したがって、in which（= a triangle）は、「三角形の中で」という意味です。
- ☐ **side** 辺
- → vertex（頂点）も覚えましょう。
- ☐ **be equal** 等しい
- ☐ **internal angle** 内角
- → external angle（外角）も覚えましょう。
- ☐ **each 60°** それぞれ60度

(2-b) 二等辺三角形 ABC（Isosceles triangle ABC）

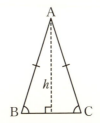

(14) An isosceles triangle is a triangle with two equal sides.

二等辺三角形は、2つの等しい辺を持つ三角形です。

- ☐ **isosceles triangle ABC** 二等辺三角形 ABC
- → isosceles は「二等辺の」という意味です。
- ☐ **with two equal sides** 2つの等しい辺を持った
- →「2つの等しい辺をともなった」という意味ですね。

(2-c) 三角形の種類（Kinds of Triangles）

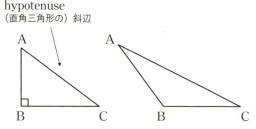

Acute triangle ABC　　Right triangle ABC　　Obtuse triangle ABC
鋭角三角形 ABC　　　　直角三角形 ABC　　　　鈍角三角形 ABC

➡[ポイント] 正三角形、二等辺三角形は、辺の長さの分類でした。今度は、角度から三角形を分類します。鋭角三角形、直角三角形、鈍角三角形に関する用語を覚えましょう。

- ☐ **acute triangle ABC**　鋭角三角形 ABC
- ☐ **right triangle ABC**　直角三角形 ABC
- ➡ 直角二等辺三角形は、isosceles right triangle です。
- ☐ **obtuse triangle ABC**　鈍角三角形 ABC
- ☐ **hypotenuse**　（直角三角形の）斜辺
- ➡ 直角三角形の斜辺は、特別な呼び方があるのです。
- ☐ **vertex A**　頂点 A
- ☐ **angle A**　角 A
- ☐ **angle ABC**　角 ABC（∠ABC）
- ☐ **angle β (angle beta)**　角 β
- ➡ β (beta) は、ギリシャ文字です。
- ☐ **angle 45° (angle forty-five degrees)**　角45度
- ☐ **acute angle**　鋭角
- ☐ **right angle**　直角
- ☐ **obtuse angle**　鈍角

(2-d) 三角形 ABC の面積（Area of Triangle ABC）

(15) The area A of a triangle is expressed by

$$A = \frac{1}{2}ah,$$

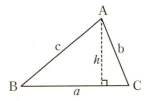

(A equals a half a h,)

where a is the length of the base of the triangle, and h is the height of the triangle.

三角形の面積 A は、

$$A = \frac{1}{2}ah,$$

[式の読み方　A equals a half a h,]

で表され、ここで a は三角形の底辺の長さで、h は三角形の高さである。

- □ **triangle**　三角形
  - → scalene triangle（不等辺三角形）も覚えましょう。
- □ **area**　面積
- □ **be expressed by ～**　～で表される
  - → 数式の入った文によく用いられます。
- □ **base**　底辺
- □ **height [altitude]**　高さ

→ [数式の入った文について]

　式の部分を［式］と書くと、次に示すように、［式］の部分を含めて全体で一つの英文であることがわかります。そのため、［式］の後にカンマ (,) が入って、文章を区切り、その後に where（ここで…）が続いて［式］の中の記号 a と h の説明が続きます。

The area A of a triangle is expressed by ［式］, where a is the length of the base of the triangle, and h is the height of the triangle.

もし、where（ここで…）以下の部分がない場合には、英文は、次のようになります。

The area A of a triangle is expressed by ［式］.

すなわち、［式］の後は、カンマ（,）ではなく、ピリオド（.）を打ちます。そうしないと、文章が終わりになりません。
　その場合は、式全体を入れて書くと次のようになります。

The area A of a triangle is expressed by

$$A = \frac{1}{2}\,ah\,.$$ ←ピリオド（.）を打ちます。

式が入っていても、式の部分を含めて全体で一つの英文であることを忘れないようにしましょう。

3. 四角形（Quadrilateral）

次に、四角形についての英語表現を学びましょう。

(16) A quadrilateral is a polygon with four sides.
　　四角形は、4つの辺をもつ多角形です。

- ☐ **quadrilateral** 四角形
- ☐ **polygon** 多角形
- ☐ **side** 辺

(17) A diagonal of a quadrilateral divides it into two triangles.

四角形の対角線は、四角形を2つの三角形に分けます。

- ☐ **diagonal** 対角線
- ☐ **divide A into B** AをBに分ける

(18) The sum of measures of four angles in a quadrilateral is 360°.

四角形の4つの角の大きさの和は、360度です。

- ☐ **sum** 和、合計
- ☐ **measure** 大きさ
- → measure of angle で「角度」になることを覚えていますか。

(3-a)　正方形 ABCD（Square ABCD）

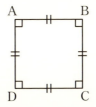

(19) A square is a quadrilateral in which all four sides are equal and all four internal angles are each 90°.

正方形は、すべての4辺が等しく、またすべての4つの内角がそれぞれ90度の四角形です。

→ [**ポイント**] 書く場合には、「それぞれ」に相当する「each」を忘れないようにしましょう。

(20) A square is both a rectangle and a rhombus.

正方形は、長方形であり、そして、ひし形でもあります。

- □ **square ABCD**　正方形 ABCD
- ➡ 正方形 ABCD は、square（正方形）の後に「ABCD」をつけるだけで良いのです。
- □ **rectangle**　長方形
- □ **rhombus**　ひし形

(3-b)　長方形 ABCD（Rectangle ABCD）

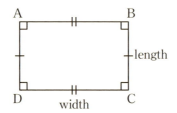

(21) A rectangle is a parallelogram in which all four internal angles are each 90°.

長方形は、すべての４つの内角がそれぞれ90度の平行四辺形です。

- □ **rectangle ABCD**　長方形 ABCD
- □ **length**　（長方形の）縦
- □ **width**　（長方形の）横
- □ **parallelogram**　平行四辺形

(3-c)　平行四辺形 ABCD（Parallelogram ABCD）

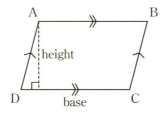

(22) A parallelogram is a quadrilateral in which both pairs of opposite sides are parallel.

平行四辺形は、二組の向かい合う辺がそれぞれ平行である四角形です。

- □ **parallelogram ABCD**　平行四辺形 ABCD
- □ **opposite sides**　向かい合う辺
- □ **be parallel**　平行である
- □ **height**　高さ
- □ **base**　底辺

(3-d)　ひし形 ABCD (Rhombus ABCD)

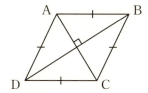

(23) A rhombus is a parallelogram in which all four sides are equal.

ひし形は、4つの辺がすべて等しい平行四辺形です。

In addition, the two diagonals of a rhombus are perpendicular.

加えて、ひし形の2つの対角線は直交します。

- □ **rhombus ABCD**　ひし形 ABCD
- □ **in addition**　加えて
- □ **diagonal**　対角線
- □ **be perpendicular**　垂直である、直交する

(3-e) 台形 ABCD (Trapezoid ABCD)

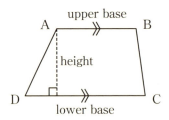

(24) A trapezoid is a quadrilateral in which exactly one pair of opposite sides is parallel.

台形は、厳密に一組の向かい合う辺が平行である四角形です。

- ☐ **trapezoid ABCD**〔米〕、**trapezium ABCD**〔英〕 台形 ABCD
  ➜ 米国と英国で呼び方が異なるものは、まず、米国読みを覚えましょう。
- ☐ **trapezoid**〔米〕、**trapezium**〔英〕 台形
- ☐ **upper base** 上底
- ☐ **lower base** 下底

(3-f) 等脚台形 ABCD (Isosceles Trapezoid ABCD)

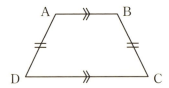

(25) An isosceles trapezoid is a quadrilateral in which the two nonparallel sides are equal in length.

等脚台形は、平行でない2つの辺の長さが等しい四角形です。

- ☐ **isosceles trapezoid ABCD**〔米〕、**isosceles trapezium ABCD**〔英〕
    等脚台形 ABCD
- ☐ **nonparallel** 平行でない
- ☐ **be equal in length** 長さが等しい

(3-g) その他の四角形 (Other Quadrilaterals)

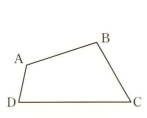
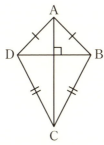
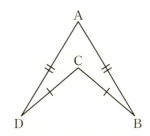

(a)　trapezium　　　　(b)　kite　　　　　(c)　arrowhead
(a)　不等辺四辺形　　(b)　たこ形四辺形　(c)　矢尻形四辺形

- □ **trapezium**〔米〕、**trapezoid**〔英〕　不等辺四辺形
- □ **kite**　たこ形四辺形（縦の対角線に関して対称で縦長の四角形）
- □ **arrowhead**　矢尻形四辺形（180度以上の内角を1つを持つ四角形）

4. 円 (Circle)

→ [ポイント] 円周率を表すπ（パイ）が出てきます。「円周率」に相当する英語はないため、「円周率」には「π」がそのまま対応し、「pai（パイ）」と読みます。

(4-a) 円の円周の長さ (The circumference of a circle)

(26) The circumference of a circle with radius r is given by

$$2\pi r,$$

(Two pai r,)

where π is a mathematical constant, which is approximately equal to 3.14.

[日本語訳]

半径 r の円の円周は、

$$2\pi r,$$

[式の読み方] Two pai r,]

で与えられる。ここで、π は数学上の定数で、近似的に 3.14 に等しい。

- □ **circumference** 円周
- □ **circle** 円
- □ **radius** 半径　cf. **diameter** 直径
- □ **be given by ～** ～で与えられる
- □ **π** パイ（日本語では円周率と呼ばれますが、円周率に相当する英語の用語はありません）
- □ **mathematical** 数学の
- □ **constant** 定数
- □ **approximately** 近似的に、およそ
- → approximately（近似的に）という用語は頻繁に使われます。
- □ **be equal to ～** ～に等しい

(4-b) 円の面積 (The area of a circle)

(27) The area A of a circle with radius r is expressed by

$$A = \pi r^2,$$

(A equals pai times r squared,)

where π is a constant, which is equal to the ratio of a circle's circumference to its diameter.

[日本語訳]

半径 r の円の面積 A は、

$$A = \pi r^2,$$

[式の読み方] A equals pai times r squared,]

で表される。ここで、π は定数で、円周の半径に対する比に等しい。

- □ **area** 面積
- □ **be expressed by ～** ～で表される

5. 球 (Sphere)

→[ポイント] 球の表面積と体積では、2乗、3乗の表現が出てきます。2乗、3乗の読み方を覚えましょう。

(5-a) 球の表面積と体積 (The surface area and the volume of a sphere)

(28) The surface area A and the volume V of a sphere with radius r are expressed by the following equations, respectively.

$$A = 4\pi r^2,$$

(*A* equals four pai times *r* squared,)

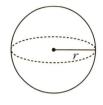

and

$$V = \frac{4}{3}\pi r^3.$$

(*V* equals four over three times pai times *r* cubed.)

[日本語訳]

半径 *r* の球の表面積 *A* と体積 *V* は、それぞれ、次の式で表される。

$$A = 4\pi r^2,$$

[式の読み方] *A* equals four pai times *r* squared,]

と

$$V = \frac{4}{3}\pi r^3.$$

[式の読み方] *V* equals four over three times pai *r* cubed.]

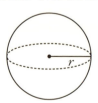

- □ surface area　表面積
- □ volume　体積
- □ sphere　球
- □ the following equation(s)　次の式
- □ respectively　それぞれ

6. ピタゴラスの定理 (Pythagorean Theorem)

→ [**ポイント**] ピタゴラスの定理 (Pythagorean Theorem) の英語での言い方をしっかり覚えましょう。ピタゴラスの定理を満足するような 3 つの数 (たとえば、3, 4, 5) はピタゴラス数 (Pythagorean number) と言います。

(29) In case of a right triangle, the square of the hypotenuse is equal to the sum of the squares of the other two sides. Therefore, the Pythagorean theorem can be expressed by the following equation.

$$a^2 + b^2 = c^2,$$

(*a* squared plus *b* squared equals *c* squared,)

where *c* is the length of the hypotenuse and *a* and *b* the lengths of the right triangle's other two sides.

....

[**日本語訳**]

直角三角形の場合、斜辺の 2 乗は、他の 2 辺の 2 乗の和に等しい。したがって、ピタゴラスの定理は、次の式で表すことができる。

$$a^2 + b^2 = c^2,$$

[式の読み方 *a* squared plus *b* squared equals *c* squared,]

ここで、*c* は直角三角形の斜辺の長さ、*a* と *b* は他の 2 辺の長さである。

第3章 数学に関する英語表現

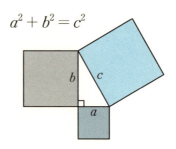

- □ **Pythagorean theorem**　ピタゴラスの定理
- □ **right triangle**　直角三角形
- □ **hypotenuse**　（直角三角形の）斜辺
- □ **the sum of ～**　～からの合計
- □ **the square of ～**　～の２乗
- □ **side**　辺
- □ **can be expressed by ～**　～で表すことができる
- □ **the following equation**　次の式
- □ **where**　ここで
- □ **length**　長さ

7. 正弦定理（Law of Sines）

→[ポイント] 正弦定理は、高校の数学で、サインがでてきますが、特に難しいことはありませんね。

(30) The law of sines is valid for a non-right (oblique) triangle and are written as follows:

$$\frac{\sin A}{a} = \frac{\sin B}{b} = \frac{\sin C}{c},$$

(sine A over a equals sine B over b, which equals sine C over c,)

where a, b, and c are the lengths of the sides of a triangle, and A, B, and C are the opposite angles of a, b, and c, respectively.

[日本語訳]

正弦定理では、直角三角形ではない三角形において成り立ち、次のように書かれる。

$$\frac{\sin A}{a} = \frac{\sin B}{b} = \frac{\sin C}{c},$$

[式の読み方] sine A over a equals sine B over b, which equals sine C over c,]

ここで、a、b、cは三角形の辺の長さ、A、B、Cは、それぞれa、b、cに向かい合う角である。

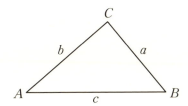

- □ **law of sines**　正弦定理
- □ **be valid for ～**　～に成り立つ、～に有効である
- □ **non-right triangle**　直角三角形ではない三角形
- □ **oblique triangle**　斜三角形（直角を含まない三角形）
- □ **angle A**　角 A
- □ **angle ABC**　角 ABC
- □ **angle 45° (angle forty-five degrees)**　角45度

8. 余弦定理 (Law of Cosines)

→[ポイント] ピタゴラスの定理は、余弦定理の特殊なケース（cos γ = 90°）に相当しますね。

(31) The law of cosines, mathematically expressed below, is valid for any triangle as schematically shown in Figure 1. The Pythagorean theorem is a special case of γ = 90° in this law.

$$c^2 = a^2 + b^2 - 2ab \cos \gamma.$$

(*c* squared equals *a* squared plus *b* squared minus two *ab* cosine gamma.)

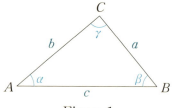

Figure 1

・・・

[日本語訳]

数学的に下に表される余弦定理は、図1に模式的に示すあらゆる三角形に成り立つ。ピタゴラスの定理は、余弦定理において、γ = 90°の特別なケースである。

$$c^2 = a^2 + b^2 - 2ab \cos \gamma.$$

[式の読み方 *c* squared equals *a* squared plus *b* squared minus two *ab* cosine gamma.]

9. 二次方程式 (Quadratic Equation)

→ [ポイント] 二次方程式と解の公式は、中学の数学に出てきましたね。

(32) A quadratic equation is a second-order polynomial equation and is given by

$$ax^2 + bx + c = 0.$$

(*ax* squared plus *bx* plus *c* equals zero.)

[日本語訳]

二次方程式は、2 次の多項式で次の式で与えられる。

$$ax^2 + bx + c = 0.$$

[式の読み方 *ax* squared plus *bx* plus *c* equals zero.]

(2) 解の公式 (Quadratic Formula)

(33) The solution to the quadratic equation is given by the following quadratic formula.

$$x = \frac{-b \pm \sqrt{b^2 - 4ac}}{2a} \quad (a \neq 0).$$

(*x* equals minus *b* plus or minus the square root of *b* squared minus four *ac* over two *a*, for *a* different from zero.)

第3章 数学に関する英語表現

57

[日本語訳]

二次方程式の解は、次の解の公式で与えられる。

$$x = \frac{-b \pm \sqrt{b^2 - 4ac}}{2a} \ (a \neq 0).$$

[式の読み方 x equals minus b plus or minus the square root of b squared minus four ac over two a, for a different from zero.]

- □ **quadratic equation**　二次方程式
- □ **second-order polynomial equation**　2次の多項式
- □ **quadratic formula**　（二次方程式の）解の公式
- □ **the following ~**　次の~

10. 判別式 (Discriminant)

→ [ポイント] 判別式で、実数解、重解、虚数解が判別できますね。

(34) The expression inside the square root in the quadratic formula is called discriminant and is denoted by the following.

$$D = b^2 - 4ac.$$

(D equals b squared minus $4ac$.)

When $D > 0$, there are two real roots.

When $D = 0$, there is one repeated root.

When $D < 0$, there are two complex roots.

[日本語訳]

解の公式の平方根の中の式は、判別式と呼ばれ、次の式で表される。

$$D = b^2 - 4ac.$$

[式の読み方 D equals b squared minus $4ac$.]

$D > 0$ の時、2つの実数解。

$D = 0$ の時、1つの重解。

$D < 0$ の時、2つの虚数解。

- □ **discriminant** 判別式
- □ **expression** 式
- □ **the square root** 平方根
- □ **be called ～** ～と呼ばれる
- □ **be denoted by ～** ～表される
- □ **the following** 以下のこと
- □ **real root** 実数解
- □ **repeated root** 重解
- □ **complex root** 虚数解

[式の読み方]

$D > 0$ （D is greater than zero.）

$D = 0$ （D equals zero.）

$D < 0$ （D is less than zero.）

コラム②

理論式はシンプル

　単純化された理論式ほど、真理を良く表していると言われます。たとえば、良く知られているアインシュタインのエネルギーと質量の関係式（式(1)）は、非常にシンプルで簡潔ですね。

エネルギーと質量との関係式 　　　$E = mc^2$ 　　　　（1）

　色々な理論式が知られていますが、表現様式が同じものもあります。本書でも紹介している逆2乗法則の万有引力の式（式(2)）とクーロン力の式（式(3)）は、同じ形式です。

万有引力の式 　　　　　　　$F = G\dfrac{m_1 \cdot m_2}{d^2}$ 　　（2）

クーロン力の式 　　　　　　$F = k\dfrac{Q_1 \cdot Q_2}{d^2}$ 　　（3）

　この他にも、気体の状態方程式（式(4)）とファント・ホッフの浸透圧の公式（式(5)）が同じ形式であることが知られています。

気体の状態方程式 　　　　　$PV = nRT$ 　　　（4）

ファント・ホッフの浸透圧の公式 　$\pi = MRT$ 　　　（5）

第4章

物理学に関する
英語表現

数式の入った物理英語に慣れよう

　物理学と化学では重複する項目がありますが、重複する項目は、便宜上、物理学と化学のどちらかに振り分けさせてもらいました。それでは、物理学の基礎的なことを学びましょう。

1. ニュートンの運動の法則 (Newton's Laws of Motion)

➡ [**ポイント**] 良く知られた「慣性の法則 (the law of inertia)」(第 1 法則)、「作用と反作用の法則 (the law of action and reaction)」(第 3 法則) が出てきます。数式の読み方では、ベクトルの読み方を覚えましょう。

Newton's laws of motion are the following three physical laws.

The First Law: A body remains at rest or continues to move at a constant velocity in a straight line, unless it is acted on by an external force. This law is also known as "the law of inertia."

The Second Law: The force $\vec{F}$ acting on a body is equal to the mass m of that body multiplied by its acceleration $\vec{a}$. This relationship is given by

$$\vec{F} = m\vec{a}.$$

(The vector F equals m times the vector a.)

The Third Law: If body "A" exerts a force on body "B," then body "B" simultaneously exerts a force equal in magnitude and opposite in direction on body "A." The third law is also known as "the law of action and reaction."

[**日本語訳**]

ニュートンの運動の法則は、次の 3 つの物理法則である。

第 1 法則：外力が加わらない限り、物体は静止し続けるか、直線上を同じ速さで動き続ける。この法則は、「慣性の法則」としても知られる。

第 2 法則：物体に作用する力 $\vec{F}$ は、物体の質量 m に加速度 $\vec{a}$ を掛け合わせたものに等しい。この関係は、次の式で与えられる。

$$\vec{F} = m\vec{a}.$$

[**式の読み方** The vector F equals m times the vector a.]

第 3 法則：物体 A が、物体 B に力を及ぼすと、物体 B は、同時に物体 A に大きさが同じで方向が反対の力を及ぼす。この法則は、「作用と反作用の法則」としても知られる。

→[**ポイント**] 数式を含んでいても、文の最後はピリオド（.）で終わることはすでに述べました。ここでも、式の後にピリオドが打たれて文が終わっています。

This relationship is given by $\vec{F} = m\vec{a}$. ←ピリオド（.）で終わっています。

- □ **Newton's laws of motion** ニュートンの運動の法則
- → ニュートンの運動の法則は、3 つありますので、Newton's laws（ニュートンの法則）が複数形になっています。
- □ **motion** 運動
- □ **the following** ～ 次の～
- □ **physical** 物理学の

第 **4** 章

物理学に関する英語表現

63

→ physics（物理学）、chemistry（化学）、biology（生物学）も覚えましょう。

☐ **law** 法則

→ physical law 物理法則、theory 理論も覚えましょう。

☐ **body** 物体

☐ **remain at rest** 静止し続ける

☐ **continue to move** 動き続ける

☐ **velocity** 速度

→ velocity（速度）はベクトル量ですので、方向もあります。スカラー量の速さは speed です

☐ **in a straight line** 直線上を

☐ **unless ～** ～しない場合は

☐ **be acted on by an external force** 外力による作用を受ける

→ A acts on B（A が B に作用する）の受動態の形式です。external force（外力）は外から加わる力です。

☐ **force** 力

→ 物理学には様々な力が出てきます。まとめて覚えておきましょう。magnetic force 磁力、electromagnetic force 電磁力、Coulomb force クーロン力、atomic force 原子間力、centrifugal force 遠心力

☐ **inertia** 慣性

☐ **vector** ベクトル **cf. scalar** スカラー

→ ベクトル量の velocity（速度）とスカラー量の speed（速さ）の関係ですね。

☐ **mass** 質量 **cf. law of conservation of mass** 質量保存の法則

☐ **multiplied by ～** ～が掛けられた

→ 数学の乗法のところで出てきました。掛け合わされた「積」は「product」です。

☐ **acceleration** 加速度

☐ **relationship** 関係

☐ **be given by ～** ～で与えられる

→ be expressed by ～（～で表される）と同様で、数式などを表現する場合に良く使われます。

☐ **exert a force on ～** ～に力を及ぼす

☐ **simultaneously** 同時に

☐ **force equal in magnitude and opposite in direction** 大きさが同じで方向が反対の力

→ equal in magnitude（大きさが同じ）と opposite in direction（方向が反対の）の二つが force（力）を修飾しています。force(which is)equal ... のように

which is が省略されていると考えればよいでしょう。また、equal in magnitude（大きさが同じ）と opposite in direction（方向が反対の）の両方とも「が」に相当する意味で「in」が使われています。このような表現はまねて使いたいものです。This specimen is three times larger in strength than the other.（この試料は、もう一つのものよりも強度が 3 倍大きい）

□ **action**　作用

□ **reaction**　反作用

➡ reaction には、「反応」という意味もあります。例　chemical reaction（化学反応）、organic reaction（有機反応）

□ ［**式の読み方**］　$\vec{F} = m\vec{a}$　（The vector F equals m times the vector a）

➡ 左辺のベクトル $\vec{F}$ の読み方は、the vector F です。イコール（equal（等しい））は、左辺（$\vec{F}$）が三人称単数現在扱いですから、「s」がつきます。したがって「equals」。右辺は、「m 掛けるベクトル a」したがって、m の次に「掛ける（times）」が来ます。この場合も、m が三人称単数現在扱いですから、「掛ける（times）」のように「s」がつきます。あとは、ベクトル a（the vector a）とつなげて「m times the vector a」となります。

2. 運動量（Momentum）

➡ ［**ポイント**］ 物理では、ベクトル量とスカラー量を区別することが良くあります。

Momentum, P, is a vector quantity defined as the product of the mass, m, and velocity, v, of a body and is given by

$$P = mv.$$

(P equals m v.)

[**日本語訳**]

運動量 P は物質の質量 m と速度 v の積で定義されるベクトル量であり、次の式で与えられる。

$$P = mv.$$

[式の読み方　P equals m v.]

- □ **momentum(pl. momenta)**　運動量
  - ➡ 運動は motion でしたね。また、運動エネルギーは kinetic energy です。日本語には同じ「運動」という言葉が入っていますが、英語にするとそれぞれ違いますので注意しましょう。
- □ **vector quantity**　ベクトル量
  - ➡ スカラー量は scalar quantity です。
- □ **quantity**　量
  - ➡ quality（質）も覚えましょう。
- □ **defined as 〜**　〜として定義された
- □ **product of 〜**　〜の積（掛け合わせたもの。ここでは質量×速度）
  - ➡ 掛け合わせた積は product です。数学でも、内積（inner product）、外積（outer product）として使われます。
- □ **velocity**　速度
  - ➡ velocity はベクトル量、スカラー量の速さは speed でしたね。

□ [**式の読み方**]　$P = mv$　（P equals m v）

➡ 式の読み方は、難しくないですね。

3. フックの法則 (Hooke's Law)

➡ [**ポイント**] フックの法則は、小学校の理科に出てきます。

Hooke's law is mathematically given by

$$F = -kx,$$

(F equals minus k x,)

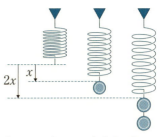

where F is the restoring force exerted by the spring on that end, k is the spring constant, and x is the displacement of the spring's end from its equilibrium position.

[日本語訳]

フックの法則は、数学的には次の式で与えられる。

$$F = -kx,$$

[式の読み方 F equals minus k x,]

ここで、F はばね端面でばねに働く復元力、k はばね定数、x は平衡位置からのばね端面の変位である。

- □ **Hooke's law** フックの法則。
- □ **where** （数式などの説明において）ここで
- □ **restoring force** 復元力
- □ **exert** 発揮する、働かせる
- □ **spring** スプリング、ばね
- → spring は、一般用語としては「春」という意味ですが、理系用語としては「スプリング」「ばね」という意味になります。簡単な一般用語も、理系用語になると意味が異なる点が慣れないと難しく感じるところです。
- □ **spring constant** ばね定数
- → constant（定数）は、理系では頻出する用語です。
- □ **displacement** 変位（移動量）
- □ **spring's end** ばね端面
- □ **equilibrium position** 平衡位置、均衡位置

→ equilibrium（平衡）は、難しい用語ですが、chemical equilibrium（化学平衡）も覚えましょう。

□ [**式の読み方**]　$F = -kx$　（F equals minus k x）

→ 式の読み方は、難しくないですね。

$4.$　位置エネルギー（Potential Energy）

→[**ポイント**] 位置エネルギー（potential energy）は、①重力による位置エネルギーと②ばねに蓄えられる位置エネルギーの2種類があります。

(a)　Gravitational potential energy

The gravitational potential energy U is expressed by the following equation.

$$U = mgh,$$

（U equals m g h,）

where m is the mass of the object, g is the acceleration of gravity, and h is the height of the object.

[**日本語訳**]

(a)　重力による位置エネルギー

重力による位置エネルギー U は、次の式で表される。

$$U = mgh,$$

[**式の読み方**　U equals m g h,]

ここで、m は物体の質量、g は重力加速度、h は物体の高さである。

(b) Potential energy for a spring

The potential energy, U, stored in a spring is given by

$$U = \frac{1}{2}kx^2 .$$

(U equals one half k x squared.)

[日本語訳]

ばねに蓄えられる位置エネルギー U は、次の式で与えられる。

$$U = \frac{1}{2}kx^2 .$$

[式の読み方 U equals one half k x squared.]

□ **gravitational potential energy**　重力による位置エネルギー
→ 位置エネルギー（potential energy）は、①重力による位置エネルギーと②ばね
　に蓄えられる位置エネルギーがあります。
□ **be expressed by ～**　～で表される
□ **object**　物体
→ 物体は body とも言います。
□ **acceleration of gravity**　重力加速度
□ **stored in a spring**　ばねに蓄えられた
□ **one half**　$\frac{1}{2}$

□ [式の読み方]　$U = mgh$　（U equals m g h）

□ [式の読み方]　$U = \frac{1}{2}kx^2$　（U equals one half k x squared）

→ $\frac{1}{2}$ は one half、x^2 は、x squared ですね。

5. 単振り子 （Simple Pendulum）

→[ポイント] 単振り子の周期を表す数式から、平方根の読み方を学びましょう。

The period T of a simple pendulum can be approximately expressed by the following equation.

$$T = 2\pi \sqrt{\frac{l}{g}} \, ,$$

(T equals two pai times the square root of l over g,)

where l is the length of the pendulum and g is the local acceleration of gravity.

[日本語訳]

単振り子の周期 T は、近似的に次の式で表すことができる。

$$T = 2\pi \sqrt{\frac{l}{g}} \, ,$$

[式の読み方] T equals two pai times the square root of l over g,]

ここで、l は単振り子の長さ、g はその場所の重力加速度である。

- □ **simple pendulum**　単振り子
- □ **period**　周期
- □ **be approximately expressed by ～**　近似的に～で表される
- □ **the square root of ～**　～の平方根、～のルート

□ [式の読み方]　$T = 2\pi \sqrt{\dfrac{l}{g}}$　（T equals two pai times the square root of l over g）

→ $2\pi \sqrt{\dfrac{l}{g}}$ は、$2\pi \times \sqrt{\dfrac{l}{g}}$ なので× (times) を入れます。ルートは、the　square root of ～ですね。

$\dfrac{l}{g}$ は、分数の読み方ですので l over g ですね。

6. ケプラーの第3法則 (Kepler's Third Law)

→ [ポイント] ケプラーの惑星運動の法則 (Kepler's laws of planetary motion) は 3つの法則から構成されています。今回紹介する法則は、3つの法則のうちの3番目の法則になります。

Kepler's third law is expressed as follows:

$$\frac{P^2}{a^3} = \text{constant},$$

(P squared over a cubed equals constant,)

where P is each planet's sidereal period around the sun and a is the distance between the planet and the sun.

[日本語訳]
ケプラーの第3法則は、次のように表される。

$$\frac{P^2}{a^3} = \text{constant},$$

［式の読み方　P squared over a cubed equals constant,］

ここで、P は、太陽の周りの惑星の恒星周期、a は、惑星と太陽との距離です。

> □ **Kepler's third law**　ケプラーの第3法則
> □ **as follows**　次の通りで（コロン（:）を次において、下に例示するものを書きます）
> □ **constant**　一定
> □ **planet**　惑星（恒星の周りを回転する、自らは光を発しないで恒星の光を反射する天体）
> □ **sidereal period**　恒星周期
> ➡ 恒星周期は、恒星の周りを惑星が1公転するのに要する時間です。地球が太陽の周りを1公転するのに要する時間は、恒星年（sidereal year、365.2564日）と呼ばれ、月が地球の周りを1公転するのに要する時間は、恒星月（sidereal month、27.3217日）と呼ばれます。
> □ **distance**　距離

□ ［**式の読み方**］　$\dfrac{P^2}{a^3} =$ constant　（P squared over a cubed equals constant）

➡ P^2 は P squared、a^3 は、a cubed ですね。分数は、分子 over 分母のように over を使います。

constant は、「一定」という意味です。constant は、他に、「定数」という意味もあります。

7. ニュートンの万有引力の法則（Newton's Law of Universal Gravitation）

➡［**ポイント**］逆2乗法則の数式の読み方を学びましょう。

Newton's law of universal gravitation is one of the inverse-square laws and is expressed by the following equation.

$$F = G \frac{m_1 \cdot m_2}{d^2},$$

(*F* equals *G* times *m* sub one *m* sub two over *d* squared,)

where *F* is the force between the objects, *G* is the gravitational constant, m_1 is the mass of one of the objects, m_2 is the mass of the other, and *d* is the distance between the centers of the objects.

［**日本語訳**］

ニュートンの万有引力の法則は、逆2乗法則の一つで、次の式で表すことができる。

$$F = G \frac{m_1 \cdot m_2}{d^2},$$

［ 式の読み方 *F* equals *G* times *m* sub one *m* sub two over *d* squared,］

ここで、*F* は2つの物体間に働く力、*G* は重力定数、m_1 は1つの物体の質量、m_2 は他の物体の質量、そして *d* は、2つの物体の中心間距離である。

- ☐ **Newton's law of universal gravitation** ニュートンの万有引力の法則
- ➡ 万有引力の法則は、質量どうしの間に普遍的に働く力の法則です。
- ☐ **universal gravitation** 万有引力
- ➡ 万有引力は、現在は、重力 (gravity) という言葉を用いることが多いです。
- ☐ **inverse-square law** 逆2乗法則（物理量が距離の2乗に反比例する法則）
- ➡ 逆2乗法則は、物理量が距離の2乗に反比例する法則をいいます。クーロンの法則も逆2乗法則の例です。
- ☐ **be expressed by ～** ～によって表される
- ☐ **the following** 次の～、以下の～
- ☐ **equation** 式、方程式 **cf. formula** 式、公式
- ☐ **object** 物体

- □ **gravitational constant**　重力定数
  → 万有引力定数（universal gravitation constant）とも言えます。
- □ **mass**　質量
  → 質量保存の法則（law of conservation of mass）も覚えましょう。

□ [**式の読み方**]　$F = G\dfrac{m_1 \cdot m_2}{d^2}$　（*F* equals *G* times *m* sub one *m* sub two over *d* squared）

→ 下付き文字の読み方は、sub をつけて読めばよいだけですから、難しくありません。m_1は *m* sub one、m_2は *m* sub two ですから、$m_1 \cdot m_2$は、*m* sub one *m* sub two です。

8. 屈折の法則 (Law of Refraction)

→ [**ポイント**] 屈折の法則は、現代の情報化社会を支える光ファイバ通信の基礎となる法則です。

The law of refraction is mathematically given by the following equation.

$$n_1 \sin \theta_1 = n_2 \sin \theta_2,$$

(*n* sub one times Sine theta sub one equals *n* sub two times Sine theta sub two,)

where θ_1 and θ_2 are the incident angle and the refractive angle of light, respectively, and n_1 and n_2 are the refractive indices in the two media, respectively.

[日本語訳]

屈折の法則は、数学的に次の式で与えられる。

$$n_1 \sin \theta_1 = n_2 \sin \theta_2,$$

[式の読み方] *n* sub one times Sine theta sub one equals *n* sub two times Sine theta sub two,]

ここで、θ_1とθ_2はそれぞれ入射角と屈折角、n_1とn_2はそれぞれ2つの媒体の屈折率である。

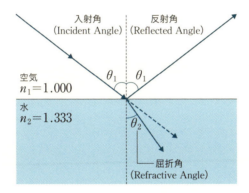

空気と水を媒体としたときの光の反射と屈折

- □ **law of refraction**　屈折の法則
  → 発見者のスネル（Snell）にちなんでスネルの法則（Snell's law）という場合もあります。
- □ **incident angle、angle of incidence**　入射角
- □ **refractive angle、angle of refraction**　屈折角
- □ **refractive index、index of refraction**　屈折率
- □ **indices index**　（率、指数）の複数形
  → index（単数形）と indices（複数形）のように単数形と、複数形が異なる単語もありますね。次の medium（単数形）と media（複数形）もそうですし、「核」を意味する nucleus（単数形）、nuclei（複数形）も単数形と、複数形が異なる単語でしたね。

□ **media medium** （媒質）の複数形
➡ 媒質は、波動などの物理的作用を他へ伝える物質や空間のことで、音を伝える空気や光を伝える空間や物質などを指します。

□ [**式の読み方**]　$n_1 \sin \theta_1 = n_2 \sin \theta_2$　(n sub one times Sine theta sub one equals n sub two times Sine theta sub two)

➡ 下付き文字の読み方は、sub をつけて読むだけです。$n_1 \sin \theta_1$は、$n_1 \times \sin \theta_1$ですから n sub one times Sine theta sub one、$n_2 \sin \theta_2$は n sub two times Sine theta sub two です。あとは＝（equals）でつなぐだけですね。

9. オームの法則 (Ohm's Law)

➡[**ポイント**] オームの法則は、小学校の理科に出てきます。

Ohm's law relates the voltage, the current and the resistance across an ideal conductor, and is given by

$$V = IR,$$

(V equals IR,)

where V is the voltage measured across the conductor in units of volts, I is the current through the conductor in units of amperes, and R is the resistance of the conductor in units of ohms.

....

[**日本語訳**]

オームの法則は、理想的な導体間における電圧、電流、抵抗を関係付けていて、次の式で与えられる。

$$V = IR,$$

［式の読み方 V equals IR,］

ここで、V はボルトの単位で測定される導体の電圧、I はアンペアの単位で表される導体を流れる電流、そして R はオームの単位で表される導体の抵抗である。

- □ **Ohm's law** オームの法則
- □ **voltage** 電圧 **cf. voltage drop** 電圧降下、**applied voltage** 印加電圧
- □ **current** 電流
  cf. direct current（DC） 直流、**alternative current（AC）** 交流
- □ **resistance** 抵抗 **cf. electric resistance** 電気抵抗
- □ **ideal conductor** 理想的な導体
- □ **conductor** （熱・電気・光・音の）伝導体、導体
  cf. semiconductor 半導体、**insulator** 絶縁体
- □ **in units of ～** ～を単位にして
- □ **volt** ボルト（電位、電位差、電圧の単位）
- □ **ampere** アンペア（SI 単位系の基本単位。電流の単位）
- □ **ohm** オーム（SI 単位系の電気抵抗の単位）

□ ［**式の読み方**］ $V = IR$ （V equals IR）

➡ 式の読み方は、難しくないですね。

10. ジュールの法則 (Joule's Law)

➡［**ポイント**］ジュールの法則は、小学校の理科に出てきます。

Joule's Law is expressed by the following formula:

$$Q = I^2 \cdot R \cdot t,$$

(Q equals I squared R t,)

where Q is the amount of Joule heat in units of joules, R is the resistance of the conductor in units of ohms and t is the specified time in units of seconds.

[日本語訳]

ジュールの法則は、式は次のように表される。

$$Q = I^2 \cdot R \cdot t,$$

[式の読み方 Q equals I squared R t,]

ここで、Q はジュールの単位のジュール熱の量、R はオームの単位で表される導体の抵抗、t は秒の単位で表される時間である。

- □ **Joule's law** ジュールの法則
- □ **Joule heat** ジュール熱
- □ **joule** ジュール（熱量の単位）
- □ **current** 電流
- □ **resistance** 抵抗
- □ **specified time** 所定の時間、特定の時間

□ [式の読み方] $Q = I^2 \cdot R \cdot t$ （Q equals I squared R t）

➡ I^2 は、I squared ですね。

11. クーロンの法則 (Coulomb's Law)

➡ [ポイント] クーロンの法則は逆 2 乗法則の一つで、ニュートンの万有引力の法則に極めて類似しています。

When two charged objects interact, the Coulomb force, F, acting on each object can be expressed by the following equation.

$$F = k \frac{Q_1 \cdot Q_2}{d^2},$$

(F equals k times Q sub one Q sub two over d squared,)

where Q_1 is the quantity of charge on the object 1, Q_2 is the quantity of charge on the object 2, and d is the distance of separation between the two objects, and k is the constant.

In equation form, Coulomb's law is one of the inverse square laws and is extremely analogous to Newton's law of universal gravitation.

[日本語訳]

荷電を帯びた 2 つの物体が相互作用する場合、それぞれの物体に作用するクーロン力 F は、次の式で表すことができる。

$$F = k \frac{Q_1 \cdot Q_2}{d^2},$$

[式の読み方] F equals k times Q sub one Q sub two over d squared,]

ここで、Q_1は物体 1 の電荷量、Q_2は物体 2 の電荷量、d は 2 つの物体の離れている距離、k は定数である。

方程式の形式では、クーロンの法則は、逆 2 乗法則の一つで、ニュートンの万有引力の法則に極めて類似している。

- □ **Coulomb's law**　クーロンの法則
- □ **charged object**　荷電を帯びた物体
- □ **interact**　相互作用する
- □ **Coulomb force**　クーロン力

➤ 力（force）が付く次の用語を覚えましょう。electromotive force（EMF）起電力、intermolecular force 分子間力、van der Waals force ファン・デル・ワールス力。

□ **action ～**　～に作用する

□ **can be expressed by the following equation**　次の式で表すことができる

□ **quantity**　量

➤ quality（質）、quantitative analysis（定量分析）、qualitative analysis（定性分析）の用語も覚えましょう。

□ **distance of separation**　離れた距離

□ **in equation form**　方程式の形式では

➤ differential equation（微分方程式）も覚えましょう。

□ **be analogous to ～**　～に似ている、～に類似している

➤ analogy（類似、類推）も覚えましょう。

□ **Newton's law of universal gravitation**　ニュートンの万有引力の法則

□ ［**式の読み方**］　$F = k\dfrac{Q_1 \cdot Q_2}{d^2}$　（F equals k times Q sub one Q sub two over d squared）

➤ $Q_1 \cdot Q_2$は、Q sub one Q sub two、d^2は、d squared ですね。あとは分数を表す over を入れて読めばよいですね。

$12.$ プランクの量子仮説 (Planck's Quantum Hypothesis)

➤ ［**ポイント**］ プランクの量子仮説が、量子論（quantum theory）の発端となりました。

In 1900 Max Planck proposed that the vibrating atom with frequency ν can only have discrete values of energy. His hypothesis is expressed as

$$E_n = nh\nu,$$

(*E* sub *n* equals *nh*ν,)

where *n* is a positive integer (*n* = 1, 2, 3, ...) and *h* is the Planck constant. When *n* = 1, $E_1 = h\nu$, which is the minimum energy corresponding to a quantum state of the atom.

[日本語訳]

1900年マックス・プランクは、振動数 ν を持つ振動している原子は、とびとびのエネルギー値だけを持つことを提案した。この仮説は、次のように表すことができる。

$$E_n = nh\nu,$$

［式の読み方　*E* sub *n* equals *nh*ν,］

ここで、*n* は正の整数（*n* = 1, 2, 3, ...）そして *h* はプランク定数。
n = 1 の時、$E_1 = h\nu$ となり、これは原子の量子状態に対応する最小エネルギーである。

- ☐ **Planck's quantum hypothesis**　プランクの量子仮説
- ☐ **vibrate**　振動する
- ☐ **frequency**　振動数、周波数
- ☐ **discrete values of energy**　とびとびのエネルギー値
- ☐ **positive integer**　正の整数
- ➡ 反対は、負の整数（negative integer）ですね。
- ☐ **Planck constant**　プランク定数
- ☐ **minimum energy**　最小エネルギー
- ☐ **correspond to ～**　～に対応する
- ☐ **quantum state**　量子状態

第4章　物理学に関する英語表現

□ ［式の読み方］　$E_n = nh\nu$　（E sub n equals $nh\nu$）

➡ 下付き文字は sub を入れて読むので、E_n は、E sub n ですね。

□ ［式の読み方］　$n = 1, 2, 3, \ldots$　（n equals 1, 2, 3, and so on ）

　… は、and so on と読みます。

13. 光電効果（Photoelectric Effect）

➡［ポイント］アインシュタインは、光電効果の理論でノーベル賞を受賞しています。

According to Einstein's light-quantum hypothesis on the photoelectric effect, the maximum kinetic energy K_{max} of an ejected electron is expressed by the following equation.

$$K_{max} = h(\nu - \nu_0),$$

(K sub max equals h times nu minus nu sub zero,)

where h is the Planck constant, ν is the frequency of the incident photon, and ν_0 is the threshold frequency for the metal.　The term $h\nu_0$ in the equation relates the minimum energy required to remove an electron from the surface of the metal. If $\nu > \nu_0$, that is, K_{max} is positive, then the photoelectric effect occurs.

［日本語訳］

アインシュタインの光電効果に関する光量子仮説によれば、放出電子の最大運動エネルギー K_{max} は、次の式で与えられる。

$$K_{\max} = h(\nu - \nu_0),$$

[式の読み方] *K* sub max equals *h* times nu minus nu sub zero,]

ここで、h はプランク定数、ν は入射光子の振動数、ν_0 は金属に対する振動数のしきい値である。式における $h\nu_0$ の項は、金属表面から電子を取り去るのに必要な最低限のエネルギーに関係している。

もし $\nu > \nu_0$ ならば、すなわち運動エネルギーは正の値で、その時は光電効果が起こる。

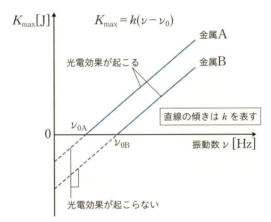

放出光電子の最大運動エネルギー $K_{\max}$

- **photoelectric effect** 光電効果
  → 光電効果は、物質が光を吸収して光電子を放出する現象です。
- **light-quantum hypothesis** 光量子仮説
  → アインシュタインがプランクの量子仮説（quantum hypothesis）を基にして1905年に発表した仮説です。
- **light-quantum、photon** フォトン、光子、光量子
- **maximum kinetic energy** 最大運動エネルギー
  → 運動（motion）、運動量（momentum）も覚えましょう。
- **ejected electron** 放出電子

- □ **Planck constant** プランク定数
- □ **frequency** 振動数
- □ **incident photon** 入射光子
- □ **ν** （大文字 N）nu（ギリシャ文字 Greek alphabet のニュー）
- □ **remove** 取り除く、取り去る
- □ **electron** 電子
- □ **surface** 表面
- □ **threshold** しきい値
- ➜ ある現象を起こさせるために、系に加えなければならない物理量の最小値。光電効果では入射光子のエネルギーがある値（しきい値）を超えなければ起こりません。光電効果におけるしきい値は、金属の仕事関数（work function）に等しいことが知られています。
- □ **term** 用語、（数式や数列の）項

□ ［**式の読み方**］ $h\nu_0$ （$h\nu$ sub zero）（ν = nu）

□ ［**式の読み方**］ $\nu > \nu_0$ （ν is greater than ν sub zero）

➜ $\nu \geqq \nu_0$ ならば、ν is greater than or equal to ν sub zero となります。

□ ［**式の読み方**］ $K_{\max} = h(\nu - \nu_0)$ （K sub max equals $h\nu$ minus ν sub zero）
（ν = nu）

➜ $h(\nu - \nu_0)$ は、$h \times (\nu - \nu_0)$ と同じなので、h times ν minus ν sub zero と読むことも可能です。

第5章

化学に関する英語表現

化学英語に慣れよう

　化学については、なじみのある元素を中心にして、英語の理系用語や理系英文を学びます。数学、物理学、化学の理系英語に慣れれば、たいていの理系英語はもう大丈夫です。自信を持っていきましょう。

1. 原子（Atom）

(a) 原子記号の表し方（AZE 表記）

　原子記号の表し方は、AZE 表記（the AZE-notation）と言います。模式的な表記 $^A_Z E$ をそのまま読んだもの（AZE）です。具体的に、ヘリウム原子の AZE 表記（$^4_2 He$）を見てみましょう。化学記号（chemical symbol）は He です。下付き文字（subscript）の 2 が原子番号（atomic number）を表します。上付き文字（superscript）の 4 が質量数（mass number）を表します。質量数 4 のヘリウムをヘリウム-4（helium-4（読む場合はヒーリアム　フォー））と言います。

$$\text{Mass number} \rightarrow \quad ^A_Z E \quad \leftarrow \text{Chemical symbol}$$
$$\text{Atomic number} \rightarrow$$

$$^4_2 \text{He} \quad \text{Helium-4}$$

　読み方　helium-4　(with atomic number 2)

　AZE 表記で表した元素記号の読み方ですが、原子番号を読まないのが一般的で、単に「helium-4」と読みます。原子番号を入れて読む場合は、「helium-4 with atomic number 2（原子番号 2 のヘリウム-4）」と読んだ方が良いでしょう。

⒝ 原子、同位体、元素について

物理や化学では、原子、同位体、元素という用語が出てきます。ここでは、同位体と元素の用語の意味を確認し、原子との関係を覚えましょう。

（ⅰ） 同位体（isotope）

同位体は、原子番号が同じで質量数の異なる元素で、化学的性質はほぼ同じです。安定同位体と放射性同位体があります。たとえば、水素は、陽子と電子をそれぞれ一つずつ含んでいますが、中性子を一つ含む重水素と中性子を二つ含む三重水素が同位体として良く知られています。

（ⅱ） 元素（element）

同位体を含んだ同一原子番号をもつ原子の総称です。たとえば、元素としての水素は、水素、重水素、三重水素が含まれます。それに対して、原子では、中性子数が異なる同位体はそれぞれの原子として扱い、区別します。そのため、水素、重水素、三重水素は、それぞれ別の原子として区別されます。水素原子と水素元素では意味が違うことに注意しましょう。

⒞ 例文

理系用語を含んだ英語の短文です。用語には関連用語も入っています。読めるようになるためには理系用語を覚えることが重要です。論文を書こうと考えている人は、完璧に例文を覚える必要があります。

（1）An atom is composed of three fundamental particles of electrons, protons and neutrons.

原子は、電子、陽子、中性子の 3 つの基本粒子からなっています。

> □ **atom**　原子
> □ **be composed of ～**　～からできている

→ consist of ～（～からできている）も同様に使えます。

□ **fundamental particle** 基本粒子

→ three fundamental particles of <u>electrons, protons and neutrons</u> と、
「A, B(,) and C」の並列表現になっています。また、それぞれ複数形の表現になっ
ている点にも注意しましょう。

□ **electron** 電子 **cf. positron** 陽電子（プラスの電荷を持つ電子）

□ **proton** 陽子、プロトン

→ proton は、化学では水素イオン（H^+）の意味でよく使われます。

□ **neutron** 中性子

→ 中性子は、陽子と電子からできています。

(2) The nucleus is made up of protons and neutrons.

原子核は、陽子と中性子からできています。

→ 陽子と中性子から構成される原子核は、原子の大きさに比べて非常に小さいです。
原子の大きさを野球場の大きさに例えると、原子核は野球のボールくらいの大き
さになります。原子核の周りには電子が存在しているわけですが、電子は原子核
よりも小さいですから、原子核の周りはまるで真空のようなものです。それゆえ、
原子がつぶれると電子が陽子に吸収されて中性子になり、体積も極端に小さくな
ります。恒星がつぶれて、密度の大きな中性子星になるプロセスです。

□ **be made up of ～** ～からできている

□ **nucleus（pl. nuclei）** 原子核、細胞核

→ nucleus の複数形は nuclei です。生物学では、「細胞核」の意味で使われます。
nuclear（原子核の）を使った用語の、nuclear fission（核分裂）と nuclear
fusion（核融合）も覚えましょう。

(3) Protons are particles with a positive charge although electrons are
particles with a negative charge.

電子は、負の電荷をもつ粒子ですが、陽子は、正の電荷をもつ粒子です。

□ **particle** 粒子

→ elementary particle（素粒子）、fine particle（微粒子）も覚えましょう。

□ **positive charge**　正の電荷
→ positive（正の）は、数学では positive integer（正の整数）のように使われます。charge（電荷）は、「充電（する）」という意味もあります。反意語は discharge（放電（する））です。

□ **negative charge**　負の電荷
→ negative（負の）は、数学では negative integer（負の整数）のように使われます。

（4）An atom is electrically neutral, with the positive and negative charges being equal.

原子は、正と負の電荷が等しく、電気的に中性です。

□ **electrically neutral**　電気的に中性で
□ **with the positive and negative charges being equal**　正と負の電荷が等しく
→ being equal（等しい）は分詞構文です。分詞構文を使うと簡潔に表現できます。

（5）The number of protons in any neutral atom is always equal to the number of electrons.

中性の原子における陽子の数は、常に電子の数に等しい。

□ **in any neutral atom**　すべての中性原子の中の
→ any は「すべての」と言う every と同じ意味で、よく肯定文で使用されます。

（6）The different isotopes of a given element have the same atomic number but different mass numbers.

任意の元素では、異なる同位体どうしは、同じ原子番号を持ちますが、質量数が異なります。

> □ **given** 任意の
> □ **atomic number** 原子番号
> ➡ 原子番号は原子核内の陽子の数と同じですので、同位体どうしでは同じになります。
> □ **mass number** 質量数
> ➡ 質量数は「陽子の数＋中性子の数」で決まりますので、同位体どうしでは中性子の数が異なり、結果として質量数が異なります。また、中性子は、陽子と電子からできていますが、電子の質量は陽子の質量の約1840分の1と小さく、近似的に無視されます。
> □ **mass** 質量
> ➡ mass spectroscopy（質量分析）、law of conservation of mass（質量保存の法則）も覚えましょう。

(7) The number of protons in the nucleus of an atom is called its atomic number.

原子核の中の陽子の数は、原子番号と呼ばれます。

> □ **atomic number** 原子番号
> ➡ 原子番号は原子核内の陽子数と同じですね。
> □ **be called 〜** 〜と呼ばれる
> ➡（誤）A is called as B. 「as」は入らないことに注意します。
>   be referred to as 〜（〜と呼ばれる）の場合には「as」が入ります。
>   （正）A is referred to as B.　A は B と呼ばれる。

(8) The mass number is the number of protons added to the number of neutrons in an atom.

質量数は、原子の中の中性子の数に陽子の数を加えたものです。

(9) A proton has 1,836 times heavier mass than an electron.

陽子は、電子の1,836倍重い質量を持っています。

➡ 電子は、陽子に比較するとかなり軽いです。

□ **～ times heavier** ～倍重い
➡ 「～倍」と言うときは、「数字＋times＋比較級」の表現になります。
in mass（質量が）を使って書くと次のような文になります。ただし has は is になります。
A proton is 1,836 times heavier in mass than an electron.

(10) Neutrons are contained in all atoms of all elements except hydrogen.

中性子は、水素を除いたすべての元素の原子に含まれています。

□ **hydrogen** 水素
➡ 水素原子は、陽子と電子がそれぞれ一つずつから構成されるため、中性子を含んでいません。しかし、水素原子の同位体である重水素は中性子を一つ含んでいますし、三重水素は中性子を二つ含んでいます。

2. 周期表 (Periodic Table)

(a) 113番元素「ニホニウム（Nihonium） $^{278}_{113}\text{Nh}$」

113番元素「ニホニウム（Nihonium）」は、日本の理化学研究所で合成され、2016年11月に IUPAC（国際純正・応用化学連合）に正式に認められました。加速した亜鉛（$^{70}_{30}\text{Zn}$）をビスマス（$^{209}_{83}\text{Bi}$）に衝突させる衝突実験を、延べ400兆回も繰り返しました。そして、合計3個の113番元素の合成を確認したことが決め手となりました。

自然界に安定して存在する元素は、原子番号92番のウラン（U）までしかありません。93番以降の重い元素は加速器を使って人工的に合成されるのですが、原子番号が大きくなるほどプラスの電荷を持つ陽子同士の反発が強くなり、合成が難しくなりま

す。人工元素の合成は、これまで、米国、ロシア、ドイツが先行し、欧米以外の国が人工元素の合成に成功し、元素の命名が認められたことはありませんでした。今回、欧米以外の国では初めての快挙となりました。

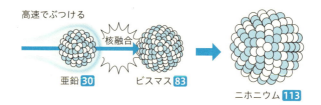

理化学研究所の新元素合成法

元素周期表 Periodic Table of Elements

(b) 例文

(1) The periodic table describes every known element.

周期表は、すべての知られている元素について記述しています。

□ **periodic table**　周期表
➜ 周期表は、ロシアの化学者メンデレーエフによって提案されたたことは有名ですね。

（2）Each element is represented by a one- or two-letter symbol such as "K" for potassium and "Na" for sodium.

各元素は、"K" はカリウム、"Na" はナトリウムのように、1 文字または 2 文字の記号で表されます。

□ **element**　元素
□ **be represented by 〜**　〜で表される
□ **a one- or two-letter symbol**　1 文字または 2 文字の記号
➜ a one-letter symbol or a two-letter symbol（1 文字の記号または 2 文字の記号）という意味です。
□ **potassium**　カリウム（K）
➜ potassium（カリウム）と sodium（ナトリウム）は、英語読みと日本語読みが一致しないので注意しましょう。カリウム、ナトリウムはドイツ語由来の呼び方です。
□ **sodium**　ナトリウム（Na）

（3）The periodic table of the elements is composed of several rows (periods) and some columns (groups).

元素の周期表は、いくつかの横の列（周期）と縦の列（族）からできています。

□ **be composed of 〜**　〜からできている
□ **row**　行、（行列の）行
□ **period**　周期
➜ period（周期）は、周期表の横方向の元素の集まりを意味します。
□ **column**　列、（行列の）列

第5章　化学に関する英語表現

93

□ **group** 族
→ group（族）は、周期表の縦列の元素の集まりを意味します。また、groupは、nitro group（ニトロ基）、carboxyl group（カルボキシル基）のように「〜基」という意味もあります。

（4）The elements which make up the same group have similar chemical properties.

同じ属を作る元素は、類似した化学特性を持っています。

□ **make up 〜** 〜を作る
□ **chemical property** 化学特性
→ chemical property（化学特性）と physical property（物理特性）は良く使われます。

（5）The elements He, Ne, Ar, Kr, and Xe are rather unreactive and belong to the noble gas group.

ヘリウム、ネオン、アルゴン、クリプトン、キセノンの元素はあまり反応性がなく、希ガス族に属しています。

□ **The elements He, Ne, Ar, Kr, and Xe** ヘリウム、ネオン、アルゴン、クリプトン、キセノンの元素
→ The elements（元素）の後に具体的な元素を記載します。
□ **helium** ヘリウム（He）
□ **neon** ネオン（Ne）
□ **argon** アルゴン（Ar）
□ **krypton** クリプトン（Kr）
□ **xenon** キセノン（Xe）
□ **rather unreactive** あまり反応性がない
→ unreactive（反応しない、反応性がない）は、reactive（反応性に富む）の反意語です。

> □ **noble gas group**　希ガス族
> ➡ noble gas（希ガス）は、inert gas（不活性ガス）とも呼ばれます。

（6）Atoms in the noble gas group have completely filled outer electron shells.

　希ガス族の原子は、外側の電子殻が完全に埋まっています。

> □ **outer**　外側の
> □ **electron shell**　電子殻
> ➡ 原子核の周りを回る電子の軌道。内側から K 殻（最大電子数 2）、L 殻（8）、M 殻（18）などと呼ばれます。希ガス族は、外側の電子殻に最大電子数の電子が存在して安定なため、反応性がほとんどありません。

（7）The elements Li, Na, and K on the left side of the periodic table are called by the group name of alkali metals.

　周期表の左側の元素、リチウム、ナトリウム、カリウムは、アルカリ金属という族の名称で呼ばれます。

> □ **Li (lithium)**　リチウム
> □ **alkali metal**　アルカリ金属
> ➡ 周期表 1 族のリチウム（Li）、ナトリウム（Na）、カリウム（K）などの族の総称です。水と激しく反応する性質を持っています。
> □ **the left side of ～**　～の左側
> □ **be called by ～**　～で呼ばれる
> ➡ A is called by B.（A は B で呼ばれる）。これは、A is called B.（A は B と呼ばれる）とは異なります。

（8）The elements Li, Be, B, C, N, O, F, and Ne belong to the same period.

　リチウム、ベリリウム、ホウ素、炭素、窒素、酸素、フッ素、ネオンの元素は、同じ周期に属しています。

第5章　化学に関する英語表現

- □ **Be (beryllium)** ベリリウム
- → 元素名をしっかり覚えましょう。
- □ **B (boron)** ホウ素
- □ **C (carbon)** 炭素
- □ **N (nitrogen)** 窒素
- □ **O (oxygen)** 酸素
- □ **F (fluorine)** フッ素
- □ **Ne (neon)** ネオン

（9）The Periodic table can be divided into three classes of metals, nonmetals, and metalloids.

周期表は、金属、反金属、非金属の3つに分類されます。

- □ **be divided into ～** ～に分けられる
- → be classified into ～（～に分類される）も良く使われます。
- □ **metal** 金属
- → 金属は、化合物をつくるとき陽イオン（cation, positive ion）になりやすい元素です。
- □ **nonmetal** 非金属
- → 非金属は、金属以外の元素で、金属元素と化合物をつくるときは陰イオン（anion, negative ion）となることが多い元素です。
- □ **metalloid** 半金属
- → 非金属元素ではありますが、金属元素の傾向をも示す元素です。代表的な元素には、ホウ素（boron, B）、ケイ素（silicon, Si）、ゲルマニウム（germanium, Ge）、ヒ素（arsenic, As）、アンチモン（antimony, Sb）、テルル（tellurium, Te）などがあります。

（10）Metals except mercury are solid at room temperature.

水銀を除く金属は、室温で固体です。

□ **mercury** 水銀（Hg）

➡ 頭文字を大文字で書くと Mercury（水星）の意味になります。

□ **at room temperature** 室温で

➡ 室温（room temperature）の明確な温度規定はありませんが、一般には25℃前後とされています。

3. 水素 (Hydrogen)

(a) 水素の主要同位体

$$_1^1 H$$

$$_1^2 H \text{ または } _1^2 D$$

$$_1^3 H \text{ または } _1^3 T$$

水素［プロチウム］
hydrogen-1
原子番号1、質量数1
陽子1
存在比　99.985%

重水素［デューテリウム］
hydrogen-2
原子番号1、質量数2
陽子1＋中性子1
0.015%

三重水素［トリチウム］
hydrogen-3
原子番号1、質量数3
陽子1＋中性子2
微量

□ **hydrogen** 水素（元素記号 H、hydrogen-1、原子番号1、質量数1）

□ **protium** プロチウム（重水素（D）や三重水素（T）と区別するときに用いられる水素（H）の別名）

□ **deuterium** 重水素、デューテリウム（記号 D、hydrogen-2、原子番号1、質量数2、水素（H）の安定同位体）

□ **tritium** 三重水素、トリチウム（記号 T、hydrogen-3、原子番号1、質量数3、水素（H）の放射性同位体）

(b) 水素燃料 (Hydrogen Fuel)

　水素燃料は、燃料として用いる場合の水素のことで、日本では水素エネルギーとも呼ばれます。水素は、燃焼しても地球温暖化や酸性雨の原因となる二酸化炭素をまっ

たく排出しないため、究極のクリーンエネルギーと呼ばれ、石油などの化石燃料に代わる新エネルギーのひとつとして大きな期待が寄せられています。

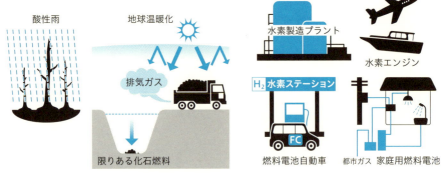

化石燃料の使用により環境破壊が進む地球　　水素エネルギーの利用社会イメージ

(c) 例文

(1) Hydrogen is a chemical element with symbol H and atomic number 1.
　　水素は、化学記号 H で原子番号 1 の化学元素です。

(2) Hydrogen is the lightest element on the periodic table.
　　水素は、周期表の中で一番軽い元素です。

(3) A hydrogen atom consists of just one proton and one electron.
　　水素原子は、たった一つの陽子と電子からできています。

> - □ consist of 〜　〜からできている
> - ➡ 水素原子は中性子を含んでいませんが、重水素は中性子を一つ、三重水素は中性子を二つ含んでいます。

(4) Hydrogen is a highly combustible diatomic gas with the molecular formula H$_2$.
　　水素は、分子式 H$_2$ で表される非常に燃えやすい二原子気体です。

□ **combustible** 燃えやすい、可燃性の

□ **diatomic gas** 二原子気体

➡ 二原子気体は H_2 のように二つの原子からなる気体です。ヘリウム（He）やネオン（Ne）のような一つの原子で気体になっている希ガスは、単原子気体（mon(o)atomic gas）と呼ばれます。

（5）Three naturally occurring isotopes of hydrogen are protium, deuterium and tritium.

水素の天然に存在する三つの同位体は、プロチウム、重水素、三重水素です。

□ **naturally occurring isotope** 天然に存在する同位体

➡ 人工的に作られる人工元素の同位体と区別されます。

□ **protium** プロチウム（水素の別名）

□ **deuterium** ジューテリウム、重水素（原子記号 D）

□ **tritium** トリチウム、三重水素（原子記号 T）

（6）The three isotopes of hydrogen change in mass each other, but their chemical properties are virtually identical.

水素の3つの同位体は、互いに質量は異なりますが、化学的性質は実質的に同じです。

□ **change in mass each other** 互いに質量が異なる

➡ 同位体は、陽子数が同じなので原子番号は同じですが、中性子数が異なるため質量は異なります。

□ **chemical property** 化学的性質

□ **virtually identical** 実質的に同じ

➡ identical は「全く同じ」と言う意味で使います。

（7）Hydrogen-2 is known as deuterium and contains one proton and one neutron in its nucleus.

水素―2は、重水素として知られ、原子核に一つの陽子と一つの中性子を含んでいます。

□ **hydrogen-2**　水素―2
➡ 質量が 2 ですから、原子核に一つの陽子と一つの中性子を含んでいることがわかります。

(8) Deuterium is a potential fuel for nuclear fusion.

重水素は、核融合の燃料になる可能性があります。

□ **potential**　潜在的な
➡ potential は、potential energy（位置エネルギー）としても使われます。
□ **fuel**　燃料
➡ fossil fuel（化石燃料）、fuel cell（燃料電池）も良く使われます。
□ **nuclear fusion**　核融合
➡ 核分裂は、nuclear fission でしたね。

(9) Tritium is radioactive and decays into helium-3 through beta decay.

三重水素は、放射性があり、ベータ崩壊を通してヘリウム―3に崩壊していきます。

□ **radioactive**　放射性の
□ **decay into ～**　崩壊して～になる
□ **helium-3**　ヘリウム―3
➡ 通常のヘリウムは、ヘリウム―4ですから、ヘリウム―3は同位体になります。ヘリウム―3は、極低温で「超流動」という不思議な現象を示すことが知られています。
□ **beta decay**　ベータ崩壊
➡ 原子核崩壊には 3 種類あります。ヘリウム原子核が放出されるアルファ崩壊（alpha decay）、電子を放出するベータ崩壊（beta decay）、電磁波のガンマ線を放出するガンマ崩壊（gamma decay）の 3 種類です。

(10) Water is electrochemically decomposed into hydrogen and oxygen.

水は、電気化学的に分解され、水素と酸素になります。

> □ **electrochemically** 電気化学的に
> □ **be decomposed into ～** ～に分解される
> ➜ 電気分解（electrolysis）のことです。電解とも呼ばれます。ファラデーの電気
>   分解の法則（Faraday's law of electrolysis）が有名です。ファラデーの名前が
>   ついた法則には、ファラデーの電磁誘導の法則（Faraday's law of induction）
>   も有名ですね。

4. ヘリウム（Helium）

⒜ ヘリウムの主要同位体

$$^{3}_{2}\text{He}$$

ヘリウム－3
helium-3
原子番号 2、質量数 3
陽子 2 ＋中性子 1
存在比　0.00014%

主要同位体

$$\boxed{^{4}_{2}\text{He}}$$

ヘリウム－4
helium-4
原子番号 2、質量数 2
陽子 2 ＋中性子 2
99.99986%

⒝ ヘリウム（helium）

　ヘリウムは、宇宙では水素に次いで 2 番目に多い元素です。

　宇宙では、水素原子 4 個がヘリウム原子 1 個に変換される核融合でヘリウムが生成されます。太陽内部でも、常にこの水素の核融合反応が起きていて、ヘリウムが生成されています。誕生から約46億年経つ太陽の現在の組成は、水素約73%、ヘリウム約25% です。あと30億年以上、現在のような核融合反応が続くと考えられています。

地球でのヘリウム生成は、宇宙での核融合と違い、核分裂で起きます。地球内部で、ウランなどがヘリウム原子核を放出するアルファ崩壊による核分裂で、ヘリウムが生成されます。ただし、ヘリウムの産出国は偏在しており、現在の主な産出国は、アメリカ、中東のカタール、北アフリカのアルジェリアなどです。

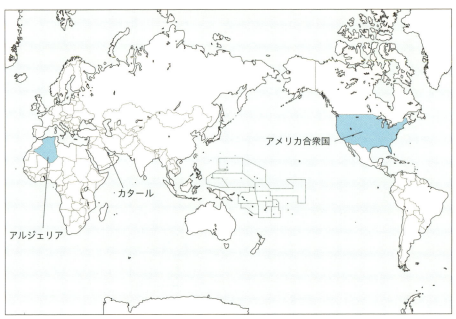

ヘリウムの三大産出国アメリカ、中東のカタール、北アフリカのアルジェリア

(c) 例文

(1) Helium is a chemical element with symbol He and atomic number 2.
　　ヘリウムは、化学記号 He で原子番号 2 の化学元素です。

　□ helium　ヘリウム（He）

(2) Helium is an inert and monatomic gas in the noble gas group in the periodic table.
　　ヘリウムは、周期表の希ガス族に属している不活性の単原子気体です。

- □ **inert gas**　不活性気体
- □ **mon(o)atomic gas**　単原子気体
- → 希ガス族の元素は単原子気体（mon(o)atomic gas）ですが、水素、窒素、酸素など一般の元素では二原子気体（diatomic gas）が多いですね。

（3）Helium-4 contains two protons and two neutrons in its nucleus.

　　ヘリウム−4は、原子核に二つの陽子と二つの中性子を含んでいます。

（4）Helium's boiling point is the lowest among all the elements.

　　ヘリウムの沸点は、すべての元素の中で一番低い。

- □ **boiling point**　沸点
- → 沸点は、液体が沸騰して気体になる温度のことです。沸点上昇（elevation of boiling point）も覚えておきましょう。

（5）The boiling point of liquid helium is about −269°C (about 4 K).

　　液体ヘリウムの沸点は、約−269°C（約4 K）です。

- □ **liquid**　液体、液体の
- → 固体（solid）、液体（liquid）、気体（gas）をまとめて覚えましょう。
- □ **K, Kelvin**　ケルビン
- → −273.15°Cを0 K(Kelvin)とした、絶対温度（absolute temperature）の単位です。ケルビン温度では記号のKの左上に丸印（°）はつけません。

（6）Helium is the second lightest element after hydrogen.

　　ヘリウムは、水素に次いで二番目に軽い元素です。

（7）Large amounts of helium are being created by nuclear fusion of

第5章 化学に関する英語表現

103

hydrogen in the Sun.

大量のヘリウムが、太陽の中で水素の核融合で生み出されています。

☐ **be being created**　生み出されている
➡ 太陽では、現在も大量のヘリウムが生成されていますので、受動態の現在進行形になっています。
☐ **nuclear fusion**　核融合
☐ **Sun**　太陽
➡ 太陽系（the solar system）も覚えておきましょう。

（8）Liquid helium is used in medical magnetic resonance imaging (MRI).

液体ヘリウムは、医療の核磁気共鳴映像法（MRI）に使われています。

☐ **medical**　医療の
☐ **magnetic resonance imaging**　核磁気共鳴映像法（MRI）
➡ MRI に応用されている原理は、化学などでよく使われる核磁気共鳴（nuclear magnetic resonance、NMR）です。

（9）Helium-4 is composed of two electrons in atomic orbitals surrounding a nucleus containing two protons and two neutrons.

ヘリウム－4は、二つの陽子と二つの中性子を含む原子核の周りを取り囲んでいる原子軌道に存在する二つの電子からできています。

☐ **be composed of ～**　～からできている
☐ **electron**　電子
☐ **atomic orbital**　原子軌道
➡ 「orbital」は、量子力学で扱う原子などの「軌道」の場合に使います。「orbit」は、惑星などのような運動する物体が描く「軌道」の場合に使います。例、惑星軌道（planetary orbit）。
☐ **nucleus**　原子核
☐ **surround**　取り囲む、周りを囲む

(10) An alpha particle is a positively charged particle, composed of two protons and two neutrons, identical to the nucleus of the helium-4 atom.
アルファ粒子は、プラスの電荷を帯びた粒子で、二つの陽子と二つの中性子からなり、ヘリウム－4の原子核に相当します。

> □ **alpha particle** アルファ粒子
> ➡ アルファ粒子は、陽子2個と中性子2個からなるヘリウム－4の原子核に相当します。放射線のアルファ線（α線、alpha ray）は、高い運動エネルギーを持つアルファ粒子の流れです。
> □ **identical to ～** ～と全く一致している、～とあらゆる点で等しい

5. 炭素（Carbon）

(a) 炭素の主要同位体

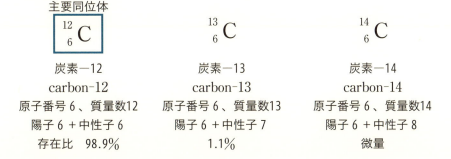

(b) 炭素の同素体のフラーレン（Fullerene）

　フラーレンは、炭素原子のみで構成されているサッカーボール状の空洞構造を持つ物質や飯島澄男博士が発見したチューブ状のカーボンナノチューブ（carbon nanotube）などの物質の総称で、炭素の同素体です。非常に特異な構造を持っており、今後の応用が期待されています。1985年に炭素原子60個からなるサッカーボール状のC_{60}フ

ラーレンを発見した研究者3名は、1996年にノーベル化学賞を受賞しました。C_{60}フラーレンの可能性については、1970年に大澤映二博士も日本語の論文を発表していましたが、英語論文でなかったため欧米研究者の目に留まることがなく、ノーベル化学賞を受賞できませんでした。科学における英語論文の重要性を再認識させられた出来事です。

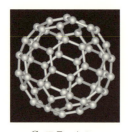 

　　　C_{60}フラーレン　　　　　カーボンナノチューブ

> □ **同素体** (allotrope)
> → 同素体は、同じ単体の元素から構成されていますが、原子配列、結晶構造、結合様式などが異なる物質同士の関係をいいます。ダイヤモンドとグラファイト（黒鉛）は同じ炭素からできた同素体ですが、化学的性質や物理的性質が大きく異なります。

(c) **炭素循環（Carbon Cycle）**

　地球上の大気、陸上、海洋、生物の間で行われる地球規模の生化学的な炭素の交換（吸収と放出）を「炭素循環」と言います。その「炭素循環」の根幹をなすのが「光合成」です。生物の体は、大部分は炭素を主とした物質でできています。私たちの食べ物も、石油などの化石燃料も、もともと「光合成」によって生み出されたものです。そして地球温暖化で問題になっている二酸化炭素を吸収してくれるのも「光合成」です。食糧問題や地球温暖化問題を含め、地球規模の「炭素循環」をきちんと制御できるかどうかに私たちの未来がかかっています。

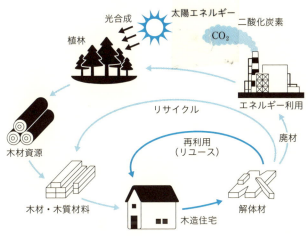

私たちの身の回りの炭素循環

(d) 例文

(1) Carbon is a chemical element with symbol C and atomic number 6.

炭素は、化学記号 C で原子番号 6 の化学元素です。

- □ **carbon** 炭素（C）

(2) Carbon is known to form many chemical compounds.

炭素は、多くの化学化合物を形成することが知られています。

- □ **be known to 〜** 〜することで知られている
- □ **chemical compound** 化学化合物
- ➡ 炭素、水素、酸素を主体とした有機化学（organic chemistry）とそれ以外の無機化学（inorganic chemistry）に大別されます。

(3) There are three natural carbon isotopes, i.e., carbon-12, carbon-13 and radioactive carbon-14.

3 種類の天然に存在する炭素同位体があります。すなわち、炭素-12、炭素-13、

そして放射性の炭素-14です。

□ **carbon-13**（炭素-13）は、カーボン NMR などの分析・測定に使われます。

□ **i.e.** すなわち

➡ 読む場合は、アイイーまたは that is と読みます。

□ **radioactive carbon** 放射性炭素

（4）Graphite and diamond are famous as allotropes of carbon.

グラファイトとダイヤモンドは、炭素の同素体として有名です。

□ **graphite** グラファイト、黒鉛

□ **diamond** ダイヤモンド

□ **be famous as ～** ～として有名である

□ **allotrope** 同素体

➡ 同素体は、同じ単体の元素から構成されていますが、原子配列、結晶構造、結合様式などが異なる物質同士の関係をいいます。ダイヤモンドとグラファイト（黒鉛）は同じ炭素からできた同素体ですが、化学的性質や物理的性質が大きく異なります。

（5）The fullerenes are molecules of carbon in the form of a hollow sphere, ellipsoid or tube.

フラーレンは、中空球、楕円体、またはチューブの形状をした炭素でできた分子です。

□ **fullerene** フラーレン

□ **molecule** 分子

□ **in the form of ～** ～の形状をした

□ **a hollow sphere, ellipsoid or tube**

➡ 並列表現（A, B(,) or C）は、カンマ（,）を打って並列につないで最後に「or（または）」とつなぎます。

□ **hollow sphere** 中空球

- □ **ellipsoid** 楕円体
- □ **tube** チューブ

（6）Carbon monoxide is colorless and odorless, but highly toxic.

一酸化炭素は、無色、無臭ですが、高い毒性を持っています。

- □ **carbon monoxide** 一酸化炭素（CO）
- ➔ monoxide の mono は 1 を表す接頭辞です。oxide は酸化物を意味します。
- □ **colorless** 無色の
- □ **odorless** 無臭の
- □ **toxic** 毒性がある、有毒な

（7）Carbon dioxide consists of a carbon atom covalently double bonded to two oxygen atoms.

二酸化炭素は、二つの酸素原子と共有二重結合した炭素原子からできています。

- □ **carbon dioxide** 二酸化炭素（CO_2）
- ➔ dioxide の di は 2 を表す接頭辞です。mono は、1 を表す接頭辞です。例. carbon monoxide 一酸化炭素
- □ **carbon atom** 炭素原子
- □ **covalently** 共有結合的に
- ➔ 共有結合（covalent bond）、イオン結合（ionic bond）、金属結合（metallic bond）、配位結合（coordinate bond）、パイ結合（π-bond）、シグマ結合（σ-bond）も覚えましょう。
- □ **double bonded to ～** ～に二重結合した

（8）Carbon dioxide is a greenhouse gas and traps heat in the atmosphere.

二酸化炭素は、温室効果ガスで、大気中に熱を閉じ込めてしまいます。

- ☐ **greenhouse gas**　温室効果ガス
- ☐ **trap**　閉じ込める、捕捉する
- ☐ **in the atmosphere**　大気中に、雰囲気中に

(9) Methane is a chemical compound with the chemical formula CH_4.

　　メタンは、化学式 CH_4 の化合物です。

- ☐ **methane**　メタン
- ➡ メタン（CH_4）は、最も単純な炭素化合物です。エタン（ethane, C_2H_6）、プロパン（propane, C_3H_8）のように炭素数が増えていきます（一般化学式は C_nH_{2n+2} です）。
- ☐ **chemical compound**　化合物
- ☐ **chemical formula**　化学式

(10) Carbon fibers have various excellent properties such as high tensile strength, low weight and low thermal expansion.

　　カーボンファイバーは、引張強度が強く、軽量で、熱膨張が小さいといった様々な優れた性質を持っています。

- ☐ **carbon fiber**　カーボンファイバー、炭素繊維
- ➡ カーボンファイバーは、日本人が発明しました。
- ☐ **various**　さまざまな
- ➡ 理系英語によく出てきます。
- ☐ **excellent property**　優れた性質
- ☐ **high tensile strength**　高引張強度
- ☐ **low weight**　軽量
- ☐ **low thermal expansion**　低熱膨張

(11) Photosynthesis is a process performed by plants, algae, and

cyanobacteria to convert light energy into chemical energy.

光合成は、植物、藻類、シアノバクテリアが光エネルギーを化学エネルギーに変換するために行っているプロセスです。

□ **photosynthesis** 光合成

➔ photosynthesis には、光エネルギーによる化学反応を利用した有機化学合成の意味もあります。その場合には、「光合成（こうごうせい）」と区別し「光合成（ひかりごうせい）」と言います。光を利用した化学は、一般には光化学（ひかりかがく、photochemistry）と呼ばれます。

□ **perform** 行う

□ **plant** 植物

□ **algae** 藻（類）（単数形は alga）

□ **cyanobacteria** シアノバクテリア

➔ シアノバクテリアは、20億年以上前の地球において、酸素を生み出したと言われている藍色細菌です。

□ **convert** 変換する

□ **light energy** 光エネルギー

□ **chemical energy** 化学エネルギー

(12) Photosynthesis is a process which converts sunlight, water, and carbon dioxide into carbohydrates and oxygen.

光合成は、太陽光と水と二酸化炭素を炭水化物と酸素に変換するプロセスです。

□ **sunlight** 太陽光

□ **carbohydrate** 炭水化物

(13) There are two types of photosynthetic processes: light reaction and dark reaction.

光合成の過程には二つのタイプがあります。すなわち、明反応と暗反応です。

第5章 化学に関する英語表現

111

- ☐ **photosynthetic process**　光合成の過程
- ☐ **:**　コロン（colon）
- ➡ コロンは、前の文章を説明する場合などに使われます。cf. as follows: 次のように
- ☐ **light reaction**　明反応（酸素放出を伴う反応）
- ☐ **dark reaction**　暗反応（酸素放出を伴わない反応）

(14) During photosynthesis, carbohydrate molecules are synthesized from carbon dioxide and water.

光合成が行われている間は、炭水化物の分子が二酸化炭素と水から合成されます。

- ☐ **molecule**　分子　**cf. macromolecule**　巨大分子、高分子
- ☐ **be synthesized from ～**　～から合成される
- **cf. synthetic chemistry**　合成化学

(15) During photosynthesis, plants take in carbon dioxide (CO_2) from the atmosphere, and release oxygen gas (O_2) into the atmosphere.

植物は、光合成の間に、二酸化炭素（CO_2）を大気中から取り入れ、酸素（O_2）を、大気中に放出しています。

- ☐ **take in**　取り入れる
- ➡ take in から派生した intake（摂取）も覚えましょう。
- ☐ **release**　放出する

(16) In plants, light energy is absorbed by chloroplasts called reaction centers which contain green chlorophyll pigments.

植物では、光エネルギーは、緑のクロロフィル色素を含む反応中心と呼ばれる葉緑体に吸収されます。

□ **absorb** （熱・光・気体・液体・衝撃・音などを）吸収する
  cf. absorbance 吸光度
□ **chloroplast** 葉緑体、クロロプラスト
□ **reaction center** 反応中心
□ **contain** 含む
□ **chlorophyl(l)** クロロフィル、葉緑素
□ **pigment** 色素

(17) Green chlorophyll pigments are capable of trapping blue and red light.

緑のクロロフィル色素は、青と赤の光を捉えることができます。

□ **be capable of 〜** 〜できる
→ be capable of 〜 （〜できる）、enable 〜 （〜を可能にする）」などは便利な表現です。
□ **trap** 捕まえる、捕捉する、捕捉、トラップ
→ electron trap （電子トラップ）も覚えておきましょう。

(18) Many scientists have been trying to artificially replicate the photosynthetic process, with the aim of producing environmentally friendly and sustainable energies.

多くの科学者が、環境に優しく、持続可能なエネルギーを作り出すことを目的として、光合成プロセスを人工光に再現することを試みてきました。

□ **artificially** 人工的に
□ **replicate** 再現する、複製する
□ **photosynthetic process** 光合成プロセス
□ **with the aim of 〜** 〜を目的として
□ **environmentally friendly** 環境に優しい、環境に配慮した
□ **sustainable energy** 持続可能なエネルギー

第5章 化学に関する英語表現

(19) Artificial photosynthesis is a chemical process which replicates the natural photosynthetic process.

人工光合成は、自然の光合成過程を再現する化学過程です。

□ **artificial photosynthesis**　人工光合成
➡ 無尽蔵にある太陽エネルギーの利用を目的として、人工光合成の研究が、世界中で行われています。
□ **chemical process**　化学過程

(20) Artificial photosynthesis is one of the promising sustainable energy technologies.

人工光合成は、有望な持続可能なエネルギー技術の一つです。

□ **promising**　有望な、見込みのある

6. 窒素 (Nitrogen)

(a) 窒素の主要同位体

主要同位体

$^{14}_{7}\text{N}$　　　　　$^{15}_{7}\text{N}$

窒素－14	窒素－15
nitrogen-14	nitrogen-15
原子番号 7 、質量数14	原子番号 7 、質量数15
陽子 7 ＋中性子 7	陽子 7 ＋中性子 8
存在比　99.636％	0.364％

(b) 窒素固定（Nitrogen Fixation）

　窒素は、タンパク質を作るアミノ酸や遺伝にかかわるDNAの主要構成元素で、動植物の生命活動に非常に重要な役割をしています。窒素は、空気中に窒素ガス（N_2）として大量に存在しますが、窒素分子の三重結合は非常に強く安定なため、植物は窒素ガスをそのままでは利用できません。窒素ガスを植物が利用できる他の窒素化合物（アンモニア、硝酸塩、二酸化窒素など）に変換するプロセスは「窒素固定」と呼ばれますが、その多くは地中の微生物が行っています。そうした微生物のおかげで、植物は、窒素を取り入れて生命活動に利用することができ、その植物を家畜などが食べると言う食物連鎖が成り立っています。「窒素固定」は、「炭素循環」とともに、人類の食糧問題に大きくかかわっています。

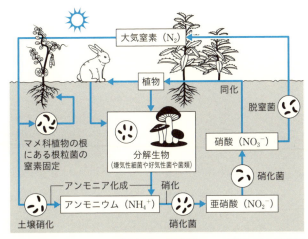

窒素固定の概念図　　　Wikipediaより引用

(c) 人工的窒素固定（Artificial Nitrogen Fixation）

　地球上の動植物にとって重要な「窒素固定」を人工的に実現して、空気中の窒素ガスから肥料の原料となるアンモニアを人工合成する「ハーバー・ボッシュ法」は、「空気からパンを創る錬金術」と称され、人類を食糧危機から救った20世紀の大発明でした。この発明の重要なポイントは、窒素分子の強固な三重結合を鉄触媒を使って解離させることに成功した点にあります。発明から100年たった今でも、「ハーバー・

ボッシュ法」は、アンモニア合成の中心技術ですが、世界エネルギー消費の数パーセントを占めており、省エネが大きな課題となっています。最近、新しい触媒を使った画期的な省エネのアンモニア合成法が、細野秀雄博士によって開発されました。今後、人類の食糧問題とエネルギー問題の両方への貢献が期待されます。

$$N_2 + 3H_2 \rightarrow 2NH_3$$

アンモニア合成の化学式

[式の読み方] N two plus three H two yields two NH three.

➡ 化学式を読む場合は、反応の進行を示す矢印（→）は、「生成する」を意味する yield または form を用いて読みます。左辺は三人称単数現在扱いなので、yield または form に s がついて yields または forms となります。ただし、H_2 や H_2O の "2" は下つき文字ではなく、"二つ" を表しますのでそのまま "two" と読みます。あとは、数式を読むのと同じです。

(d) 例文

（1）Nitrogen is a chemical element with symbol N and atomic number 7.

　　窒素は、原子番号 7 で、化学記号 N の化学元素です。

> □ **nitrogen** 窒素（N）

（2）Nitrogen exists predominately in the form of nitrogen gas (N_2) in the Earth's atmosphere.

　　窒素は、地球の大気中に窒素ガス（N_2）の形で主に存在します。

> □ **exist** 存在する
> □ **predominately** 主に
> □ **in the form of ～** ～の形で
> □ **in the Earth's atmosphere** 地球の大気中に

（3）Nitrogen constitutes 78 percent of the atmosphere by volume.

窒素は、体積として大気中で78％を占めます。

□ **constitute ～ percent of ...** …の～％を占める
➡ 空気の組成は、窒素78.1％、酸素20.9％、アルゴン0.9％ でしたね。
□ **atmosphere** 大気、雰囲気
□ **by volume** 体積で

（4）Nitrogen is valued both as an inert gas and a liquid refrigerant.

窒素は、不活性ガスとして重要ですし、また液体の冷却剤としても重要です。

□ **be valued** 貴重である、重要である
□ **both as A and B** A としても、また B としても
□ **inert gas** 不活性ガス
➡ 窒素ガス（N_2）は三重結合（triple bond）で結合しています。窒素ガスの三重結合は強い結合で、他の元素とほとんど結合しないため、窒素ガスは不活性ガスの性質を示します。
□ **liquid refrigerant** 液体の冷却剤
➡ 液体窒素（liquid nitrogen, −196℃）は、液体ヘリウム（liquid helium, −269℃）、エチルアルコール＋ドライアイス（a mixture of ethyl alcohol/dry ice, −72℃）とともに冷却剤として良く使用されます。

（5）The human body contains about 3% nitrogen by weight.

人間の体は、重量で約 3 ％の窒素を含んでいます。

□ **human body** 人間の体、人体
➡ human は「人間の」と言う意味です。a human error（人為的ミス）、human being（人間）も覚えましょう。
□ **contain** 含む
□ **by weight** 重量で

第5章 化学に関する英語表現

(6) Nitrogen is the fourth most abundant element in the human body after oxygen, carbon, and hydrogen.

窒素は、人間の体の中で、酸素、炭素、水素に次いで、4番目に多い元素です。

□ **the fourth most abundant element**　4番目に多い元素
➡ the most abundant element（最も多い元素）は、最上級表現です。英語では、4番目（fourth）でも最上級表現を使います。
□ **after oxygen, carbon, and hydrogen**　酸素、炭素、水素に次いで

(7) Nitrogen is a major element of amino acids, the key building blocks of proteins.

窒素は、タンパク質のキーの構成材料であるアミノ酸の主要元素です。

□ **amino acid**　アミノ酸
➡ アミノ酸は、アミノ基（amino group（NH_2-））とカルボキシル基（carboxyl group（$-COOH$））の両方の官能基（functional group）を持つ有機化合物（organic compound）の総称です。
□ **protein**　タンパク質
➡ 脂質（fat）、でんぷん（starch）、炭水化物（carbohydrate）も覚えましょう。

(8) Nitrogen is found in important biomolecules, such as ATP and nucleic acids.

窒素は、ATPと核酸のような重要な生物分子の中に見出されます。

□ **biomolecule**　生物分子
➡ molecule は分子でしたね。bio- は、「生物の」または「生命の」を意味する接頭辞です。
□ **such as ～**　例えば～など
□ **ATP ATP**　（＝**adenosine triphosphate**（アデノシン三リン酸））
□ **nucleic acid**　核酸
➡ DNA や RNA などのように細胞の機能を支配する遺伝情報を担っている高分子

化合物の総称です。

（9）Nitrogen exists in the forms of amino acids (proteins), nucleic acids (DNA and RNA) and the energy transfer molecule (adenosine triphosphate).

窒素は、アミノ酸（タンパク質）、核酸（DNA と RNA）、エネルギー伝達分子（アデノシン三リン酸）の形で存在します。

□ **in the forms of ～** ～形で
→ 通常は in the form of ～ですが、of のあとに、3 種類の物質（A, B and C の形式）が来ていますので、forms のように複数形になっています。
□ **amino acid** アミノ酸
□ **protein** タンパク質
□ **nucleic acid** 核酸
□ **DNA DNA** （＝deoxyribonucleic acid デオキシリボ核酸）
□ **RNA RNA** （＝ribonucleic acid リボ核酸）
□ **energy transfer molecule** エネルギー伝達分子
□ **adenosine triphosphate** アデノシン三リン酸（ATP）

（10）Nitrogen is a critical limiting element for plant growth.

窒素は、植物の成長にとって、重要な限定元素です。

□ **critical** 決定的に重要な意味を持つ
→ critical temperature（臨界温度（超電導性が生じる温度））、critical state（臨界状態（核分裂連鎖反応が継続する状態））も覚えましょう。
□ **limiting element** 限定元素、限定要素
→ 植物の成長では、最も不足する元素が成長全体を決めます。そのような元素を限定元素といいます。

（11）Nitrogen is a major component of chlorophyll which is needed for photosynthesis.

第5章 化学に関する英語表現

窒素は、光合成に必要なクロロフィルの主要な構成要素です。

> ☐ **major component**　主要な構成要素
> ☐ **chlorophyl(l)**　クロロフィル、葉緑素
> ➜ クロロフィルは、光合成で光エネルギーを吸収する重要な役割をもつ化学物質で、四つの窒素原子がマグネシウムイオンを挟み込むようなキレート構造をしています。植物では葉緑体 (chloroplast) のチラコイド (thylakoid) に多く存在します。
> ☐ **be needed for 〜**　〜に必要である
> ☐ **photosynthesis**　光合成

(12) Nitrogen fixation is a process by which nitrogen in the Earth's atmosphere is converted into ammonia (NH_3) or other molecules available to living organisms.

窒素固定は、地球の大気中の窒素を他の生物が利用できるアンモニア（NH_3）または分子に変えるプロセスです。

> ☐ **nitrogen fixation**　窒素固定
> ➜ 窒素ガス（N_2）の三重結合 (triple bond) を切断し、窒素元素を他の化合物に利用しやすくしている重要なプロセスです。主に、地中の微生物が重要な役割を担っています。
> ☐ **a process by which**
> ➜ which の先行詞は a process です。したがって、by which はこの「プロセスによって」という意味になります。
> ☐ **be converted into 〜**　〜に変換される、〜に変えられる
> ☐ **ammonia**　アンモニア（NH_3）

(13) Biological nitrogen fixation is carried out by some microorganisms.

生物による窒素固定は、いくつかの微生物によって行われます。

> ☐ **biological**　生物の、生物学の
> ☐ **carry out**　行う、実行する

☐ **microorganism** 微生物

→ microorganism は、organism（生物）に micro-（微小の、微量の）という連結詞がついてできた用語です。

(14) Some microorganisms can convert atmospheric nitrogen (N_2) to ammonia (NH_3).

ある微生物は、大気中の窒素（N_2）をアンモニア（NH_3）に変えることができます。

☐ **convert** 変える、変換する

→ converter（コンバーター、変換器）も覚えましょう。

☐ **atmospheric** 大気中の

(15) Plants can readily assimilate ammonia to produce the nitrogenous biomolecules.

植物は、アンモニアを容易に吸収し、窒素を含む生分子を作ることができます。

☐ **assimilate** 吸収する、同化させる

→ 窒素同化（nitrogen assimilation）は、窒素固定（nitrogen fixation）と同じ意味で用いられます。

☐ **nitrogenous** 窒素の、窒素を含む

☐ **biomolecule** 生分子、生体分子

(16) Plants need nitrogen by the addition of ammonia and/or nitrate fertilizer and biological nitrogen fixation.

植物は、窒素を必要としますが、その窒素はアンモニアや硝酸塩肥料の添加や生物による窒素固定により供給される必要があります。

- □ この例文では、Plants need nitrogen by 〜の、〜以下の修飾文が長く、（下に示す）直訳ではわかりにくくなります。そこで、Plants need nitrogen で一度文を区切った日本語訳を示しました。
- → 〔直訳〕植物は、アンモニアや硝酸塩肥料の添加や生物の窒素固定による窒素を必要とします。
- □ **addition**　添加、添加物
- □ **the addition of ammonia and/or nitrate fertilizer**
- → the addition of A and/or B の形式になっています。A and/or B は「A and B」または「A or B」を一つにした形式で、英文では良く出てきます。日本語に訳しにくいのですが、「A および / または B」などと訳したりします。訳文が不自然になる場合には、「A や B」「A または B」と訳した方が良いでしょう。
- □ **nitrate fertilizer**　硝酸塩肥料
- □ **biological**　生物による、生物の

(17) Ammonia (NH_3) is crucial for the industrial synthesis of fertilizers and pharmaceuticals.

アンモニア（NH_3）は、肥料や薬の工業的合成に不可欠です。

- □ **be crucial for 〜**　〜に欠かせない、〜に不可欠である
- □ **industrial synthesis**　工業的合成
- □ **fertilizer**　肥料
- □ **pharmaceutical**　薬

(18) The bottleneck in the ammonia synthesis reaction is the N-N triple bond dissociation.

アンモニア合成反応のボトルネックは、N-N 三重結合の解離です。

- □ **bottleneck**　ボトルネック、障害
- □ **ammonia synthesis reaction**　アンモニア合成反応
- □ **triple bond**　三重結合
- → アンモニア合成では、窒素ガス（N_2）の N-N 三重結合の解離が一番のポイント

になります。結合に関しては、二重結合（double bond）、一重結合（single bond）も覚えていますか。

☐ **dissociation**　解離

(19) The Haber-Bosch process is an artificial nitrogen fixation method.

ハーバー・ボッシュ法は、人工的な窒素固定法です。

☐ **Haber-Bosch process**　ハーバー・ボッシュ法
➡ 窒素ガス（N_2）と水素ガス（H_2）からアンモニア（NH_3）を合成するのですが、鉄触媒が必要になります。
☐ **artificial**　人工の、人工的な
☐ **nitrogen fixation method**　窒素固定法
➡ 自然界では、微生物が窒素固定の重要な役割を担っていますが、ハーバー・ボッシュ法の登場で、人工的に空気中の窒素ガスを肥料などに使う道が開かれました。

(20) Iron-based catalysts in the Haber-Bosch process have been used for ammonia production for over a century.

ハーバー・ボッシュ法では、鉄を基にした触媒が、100年以上にわたってアンモニア製造に使われてきました。

☐ **iron-based catalyst**　鉄を基にした触媒
➡ iron-based（鉄を基にした）のように、ハイフン（-）でつないで科学用語を作ることも良くあります。たとえば、science-based（科学に基づく）、gene-related（遺伝子関連の）、theoretically-derived（理論的に導き出された）、theoretically-predicted（理論的に予測された）、chemical-free（化学薬品を使用していない）、environmentally-friendly（環境にやさしい）などです。
☐ **be used for ～**　～に使われる
☐ **ammonia production**　アンモニア製造
☐ **for over a century**　100年以上にわたって
➡ for a century は100年間ですが、over（超えて）がついて100年以上（over a century）の意味になります。

第5章　化学に関する英語表現

7. 酸素（Oxygen）

(a) 酸素の主要同位体

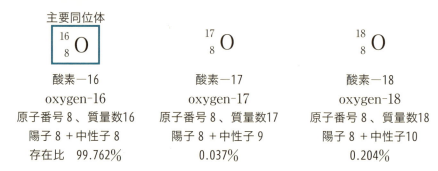

(b) 地球上の酸素を生み出したシアノバクテリア（Cyanobacteria）

　私たちの周りの空気の組成は、窒素78.1％、酸素20.9％、アルゴン0.9％、二酸化炭素0.04％などです。特に、酸素は、多くの生物にとって生きるために欠かせないものです。しかし、37億年前に地球ができてから数億年間は、地球上に酸素は存在しませんでした。それゆえ、はじめて地球上に誕生した生命は、酸素がない状態で活動ができる生物であったと考えられています。その後、27億年以上前に出現したシアノバクテリア類（藍色細菌類）が光合成を行い、大気中に大量の酸素を発生させて地球環境を一変させました。シアノバクテリア類が発生させた酸素は、活性が高く、他の元素や物質とたやすく酸化反応をします。そのため、酸素のない状態で活動する生物には、酸素は酸化作用をもつ「毒」として作用し、それらの生物の大部分は死滅してしまいました。現在、酸素を嫌う「嫌気性生物」がわずかに存在しています。そして、酸素の環境に適応した生物が、現在まで繁栄しているのです。

太古の生物シアノバクテリア類が住みついているオーストラリア・シャーク湾

(c) 例文

(1) Oxygen is a chemical element with symbol O and atomic number 8.
　　酸素は、原子番号 8 で、化学記号 O の化学元素です。

- □ **oxygen**　酸素（O）
- □ **chemical element**　化学元素

(2) Natural oxygen is a mixture of three isotopes.
　　天然の酸素は、3 つの同位体の混合物です。

- □ **a mixture of ～**　～の混合物
- □ **isotope**　同位体
- → 酸素の同位体は、oxygen-16, oxygen-17, oxygen-18 の 3 種類ありますね。

(3) Oxygen constitutes 20.9 percent of the atmosphere by volume.
　　酸素は、体積として大気中で20.9％を占めています。

- □ **constitute ～ percent**　～％を占める
- □ **by volume**　体積で
- → by weight（重量で）も覚えましょう。

(4) Oxygen exists as a diatomic gas, O_2, under standard temperature and pressure.

酸素は、標準の温度・圧力下では二原子気体の O_2 として存在します。

- ☐ **exist as ～**　～として存在する
- ☐ **diatomic gas**　二原子気体
- ☐ **under standard temperature and pressure**　標準の温度・圧力下で
- ➡ 標準の温度・圧力は、一般には25℃、1気圧を指します。

(5) Air is a mixture of mainly oxygen and nitrogen gases.

空気は、主に酸素ガスと窒素ガスの混合物です。

- ☐ **mixture**　混合物
- ☐ **mainly**　主に、主として

(6) Oxygen gas molecules are made of two oxygen atoms covalently bonded together.

酸素の気体分子は、互いに共有結合した二つの酸素原子からできています。

- ☐ **molecule**　分子
- ☐ **be made of ～**　～でできている
- ☐ **oxygen atom**　酸素原子
- ☐ **covalently bonded together**　互いに共有結合した
- ➡ 共有結合は covalent bond でしたね。

(7) A gaseous element, oxygen is obtained by liquefaction of air and fractional distillation.

気体の元素の酸素は、空気の液化と分別蒸留によって得られます。

- □ **liquefaction** 液化
- □ **fractional distillation** 分別蒸留
- → 液体酸素（liquid oxygen, −183℃）、液体窒素（liquid nitrogen, −196℃）、液体アルゴン（liquid argon, −186℃）は、空気の液化と沸点の違いによる分別蒸留で得られます。

(8) Oxygen and hydrogen can be obtained by the electrolysis of water in the laboratory.

酸素と水素は、実験室で水の電気分解で得られます。

- □ **hydrogen** 水素
- □ **electrolysis** 電気分解、電解
- □ **in the laboratory** 実験室で

(9) $2H_2O \rightarrow 2H_2 + O_2$

［式の読み方］ Two H two O yields two H two plus O two.

水の電気分解の化学式の読み方です。矢印（→）は yields 又は forms と読みます。

(10) Oxygen is a colorless and odorless gas essential to living organisms.

酸素は、生物にとって必須の無色、無臭の気体です。

- □ **colorless and odorless gas** 無色、無臭の気体
- □ **essential to ～** ～にとって絶対必要な
- □ **(living) organism** 生物

(11) Oxygen is essential for plant and animal respiration.

酸素は、植物や動物の呼吸に絶対に必要です。

- □ **be essential for ～**　～に必須の、～に極めて重要な
- □ **respiration**　呼吸

(12) Plants and animals rely on oxygen for respiration.

植物と動物は、呼吸を酸素に依存しています。

- □ **rely on ～**　～に依存する

(13) Oxygen is required for nearly all combustion.

酸素は、ほとんどすべての燃焼に必要です。

- □ **be required for ～**　～に必要である
- □ **combustion**　燃焼

(14) Oxygen is so reactive that readily forms oxides with most elements as well as with other compounds.

酸素は、非常に反応性が高く、ほとんどの元素や化合物と容易に酸化物を作ります。

- □ **reactive**　反応性が高い
- □ **so reactive that readily forms oxides**　反応性が高く、容易に酸化物を作る
- ➔ 良く知られた so ～ that ...（～なので…）の構文ですね。似た表現、so that ...（…するように）も覚えましょう。

  We have to calibrate the measurement equipment <u>so that</u> we can get precise data,

  正確なデータが得られるように、測定器を校正しなければなりません。

(15) Oxygen occurs in many compounds such as water and silica, and in iron ore.

酸素は、水やシリカなどの多くの化合物中や、鉄鉱石の中に存在します。

- ☐ **Oxygen occurs in A, and in B.** 酸素は、A に、そして B に存在します。
- ☐ **occur in ～** ～に存在する
- ☐ **compound** 化合物
- ☐ **such as ～** 例えば～など
- ☐ **silica** シリカ（二酸化ケイ素 (silicon dioxide)）
- ➡ シリカは、二酸化ケイ素（silicon dioxide）の慣用名（trivial name）です。
- ☐ **iron ore** 鉄鉱石

(16) Oxygen under excited states is responsible for the bright red and yellow-green colors of the Aurora Borealis.

励起状態の酸素は、オーロラの中の真っ赤な色や黄緑色に関係しています。

- ☐ **excited state** 励起状態
- ➡ エネルギーレベルの違いによって、何種類かの励起状態がありますので、excited states と複数形になっています。基底状態（ground state）も覚えましょう。
- ☐ **be responsible for ～** ～に関与する
- ☐ **the Aurora (Boreales), pl. the Aurora Borealis** オーロラ、北極光

(17) Small amounts of ozone (O_3) are present in the atmosphere.

大気中には、少量のオゾンが存在します。

- ☐ **small amounts of ～** 少量の～
- ☐ **ozone** オゾン（O_3）
- ➡ オゾンは、非常に不安定なため反応性が高く（他のものと反応して安定化しようとするためです）、人体には有毒です。ただし、主に成層圏に存在するオゾン層は、宇宙からの有毒な紫外線を吸収して、地上の生物を守ってくれています。
- ☐ **be present** 存在する

第5章 化学に関する英語表現

□ **in the atmosphere** 大気中に、雰囲気中に

(18) Ozone, O_3, is an allotrope of oxygen element.

オゾンは、酸素元素の同素体です。

□ **ozone** オゾン（O_3）
□ **allotrope** 同素体
➡ 同素体は、酸素（O_2）とオゾン（O_3）のように、同じ単体の元素から構成されていますが、原子配列、結晶構造、結合様式などが異なる物質同士の関係でしたね。

(19) The ozone layer absorbs most of biologically harmful ultraviolet radiation coming from the Sun.

オゾン層は、太陽からやってくる生物にとって有害な紫外線の大部分を吸収します。

□ **ozone layer** オゾン層
□ **absorb** 吸収する
➡ emit（放射する）、absorbance（吸光度）も覚えておきましょう。
□ **most of ～** ～の大部分
□ **biologically harmful** 生物にとって有害な
□ **ultraviolet radiation** 紫外線（放射）

(20) We are now facing the critical problems such as global warming and ozone layer depletion.

私たちは、今、地球温暖化とオゾン層破壊といった重大な問題に直面しています。

□ **be now facing ～** 今～に直面している
□ **critical problem** 重大な問題
□ **global warming** 地球温暖化
□ **ozone layer depletion** オゾン層破壊

8. フッ素 (Fluorine)

(a) フッ素の主要同位体

主要同位体

$$^{19}_{9}\text{F}$$

フッ素—19
fluorine-19
原子番号9、質量数19
陽子9＋中性子10
存在比　100％

(b) テフロン (Teflon)

　商品名が、一般用語として使われる場合があります。たとえば、テフロンもその一つです。デュポン社が1938年に開発し、1946年に製品化したデュポン社の商品名でした。あらゆる薬品に耐え、また200℃以上の高温にも、－100℃の低温にも耐えるすぐれた性能をもった画期的な合成樹脂です。組成はポリエチレンの中の水素をフッ素に置き換えたもので、正式名は、ポリテトラフルオロエチレンです。商品名が一般用語として使われるその他の例としては、やはり、デュポン社が開発して商品化した、「鋼鉄よりも強く、クモの糸より細い」と言われたポリアミド樹脂のナイロン（Nylon）や防弾チョッキなどにも使われ、鋼鉄の5倍の強度を持つ高強度・高耐熱性の芳香族ポリアミド樹脂のケブラー（Kevlar）などがあります。

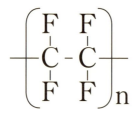

テフロンの構造式　　　　　ポリエチレンの構造式

(c) 例文

(1) Fluorine is the lightest halogen with chemical symbol F and atomic number 9.

フッ素は、原子番号9で、化学記号Fの最も軽いハロゲンです。

- □ **fluorine**　フッ素（F）
- □ **halogen**　ハロゲン
- ➡ ハロゲンは、周期表17族のフッ素（fluorine、F）、塩素（chlorine、Cl）、臭素（bromine、Br）、ヨウ素（iodine、I）、アスタチン（astatine、At）の5元素の総称です。

(2) Fluorine exists as a highly toxic pale yellow diatomic gas under standard conditions.

フッ素は、標準状態では、非常に有毒な淡黄色の二原子気体として存在します。

- □ **exist as 〜**　〜として存在する
- □ **toxic**　有毒な
- □ **pale yellow**　淡黄色の、パールイエローの
- □ **diatomic gas**　二原子気体
- ➡ diatomic（二原子の）の di は「2」を表す接頭辞でしたね。「1」は mono です。「単原子の」は mon(o)atomic ですね。
- □ **under standard conditions**　標準状態では

（3）Fluorine is the most electronegative and reactive of all elements.

フッ素は、すべての元素の中で最も電気陰性で、かつ反応性が高いです。

□ **the most electronegative and reactive** 最も電気陰性で、かつ反応性が高い

→ the most 〜は、最上級表現です。the most が、electronegative と reactive の両方にかかっていることに注意しましょう。

□ **electronegative** 電気陰性の

→ 電気陰性度（electronegativity）は、結合している原子が電子を引きつけてマイナスの電荷を帯びようとする相対的な尺度を言います。

□ **reactive** 反応性が高い、よく反応する

（4）Fluorine reacts with most organic and inorganic substances.

フッ素は、ほとんどの有機物質と無機物質と反応します。

□ **react with 〜** 〜と反応する

→ reaction（反応、反作用）、chemical reaction（化学反応）も覚えましょう。

□ **organic** 有機の

□ **inorganic** 無機の

→ inorganic chemistry（無機化学）、organic chemistry（有機化学）も覚えましょう。

□ **substance** 物質

→「物質」の意味では、material（物質、材料）も良く使われます。

例 material(s) science（物質科学、材料科学）。

（5）Elemental fluorine and the fluoride ion are highly toxic and corrosive.

フッ素元素とフッ化物イオンは、高い毒性と腐食性があります。

□ **elemental** 元素の

□ **fluoride** フッ化物

□ **corrosive** 腐食性の

→ 鉄などの金属はおもに酸化（oxidation）によってさびて腐食（corrosion）しま

第5章
化学に関する英語表現

133

すが、フッ素は酸化物のガラスも腐食させます。

(6) Hydrogen fluoride (HF) forms strong intermolecular hydrogen bonds.

フッ化水素（HF）は、強い分子間の水素結合を形成します。

□ **hydrogen fluoride**　フッ化水素（HF）
□ **intermolecular**　分子間の
→ inter- は「〜間の」、intra- は「〜内の」を意味する接頭辞です。
　例、intramolecular 分子内の
□ **hydrogen bond**　水素結合
→ フッ化水素は、水素結合が強いため沸騰しにくく、沸点が高い特徴があります。

(7) Hydrofluoric acid is an aqueous solution of hydrogen fluoride.

フッ化水素酸は、フッ化水素の水溶液です。

□ **hydrofluoric acid**　フッ化水素酸
→ フッ酸（ドイツ語由来）と呼ばれることもあります。
□ **aqueous solution**　水溶液
→ フッ化水素の水溶液（フッ化水素酸）は、水を意味するラテン語 aqua に由来する水溶液の省略形 aq を用いて HF(aq) と書きます。塩化水素の水溶液（塩酸）は、HCl(aq) となります。

(8) Polytetrafluoroethylene, known as Teflon, is a synthetic polymer consisting wholly of carbon and fluorine.

テフロンとして知られるポリテトラフルオロエチレンは、炭素とフッ素だけからできている合成高分子です。

□ **fluorocarbon polymer**　フッ素樹脂
□ **polytetrafluoroethylene**　ポリテトラフルオロエチレン（テフロンの正式名）
□ **Teflon**　テフロン

□ **synthetic polymer** 合成高分子、合成ポリマー

➡ 生体高分子（biopolymer）などは、天然に存在するため、合成高分子ではありません。

□ **consisting wholly of ～** ～だけからできている

(9) A fluorocarbon polymer is characterized by a high resistance to solvents, acids, and bases.

フッ素ポリマーは、溶媒、酸、塩基に対する高い耐性で特徴付けられます。

□ **fluorocarbon polymer** フッ素樹脂、フッ素ポリマー

□ **be characterized by ～** ～で特徴付けられる

□ **high resistance to ～** ～に対する高い耐性

➡ テフロンは、あらゆる薬品に耐性（resistance）があります。また、電気抵抗を表す記号の R は resistance（抵抗）の頭文字です。

□ **solvent** 溶媒

□ **acid** 酸

□ **base** 塩基

(10) Fluororubbers have excellent characteristics of both heat resistance and chemical resistance.

フッ素ゴムは、耐熱性と耐薬品性の両方の優れた特徴を持っています。

□ **fluororubber** フッ素ゴム

➡ フッ素樹脂は固いのですが、フッ素ゴムは柔らかさも兼ね備えています。

□ **have excellent characteristics** 優れた特徴を持っている

□ **both heat resistance and chemical resistance** 耐熱性と耐薬品性の両方

➡ both A and B（A と B の両方）の形式ですね。

第5章 化学に関する英語表現

コラム③

理系用語は、分野が違えば意味も違う

　理系の学術用語は、分野が違うと意味が異なる場合があります。

　たとえば、本書にも出てきましたが、英語の「photosynthesis」。植物が二酸化炭素と水と太陽エネルギーから炭水化物を合成する「光合成（こうごうせい）」の意味と、紫外線などの光エネルギーを用いて有機化合物の合成を行う「光合成（ひかりごうせい）」の意味の、2つの意味があります。また、「proton」も「陽子」の意味と、化学でよく使われる「プロトン（H^+）」の意味の、2つの意味があります。

　面白い例では、「quench」があります。金属工学では「急冷（する）」、超伝導工学では「超伝導状態が破れる」、光化学では「消光する（発光分子が励起エネルギーを失う）」などの意味で使われます。いずれの場合も、温度やエネルギーなどの高い状態から低い状態への移行を表す用語ですが、専門分野ごとにかなり意味が異なると思いませんか？

　また、「superconductivity」は、ちょっと変わっています。英語の用語は一つなのですが、日本語の用語は、物理学では「超伝導（ちょうでんどう）」、電気工学では「超電導（ちょうでんどう）」と漢字が少し異なる用語を使います。物理学では「伝導（conduction）」の現象自体に重きを置いていて、電気工学では「電気伝導（electrical conduction）」の応用に重きを置いているのだと思います。似たような例では、「electric(al) field（電場または電界）」、「magnetic field（磁場または磁界）」があります。学習する側からすると、少しややこしいですね。

第6章

覚えておきたい
理系用語

英語の理系用語は、論文・レポートの読み書きの基本です

　理系の論文やレポートを読み書きする場合に、英語の理系用語を知らないのではどうにもなりません。それゆえ、とにかく、まずは英語の理系用語を覚えましょう。ここでは、数学、物理学、化学の論文やレポートを読み書きするのに必要な基本用語をまとめてあります。それぞれの分野に同じ用語が記載されている場合がありますが、それぞれの分野にまたがって使われる用語としてご理解ください。

〔表記上の注意点〕
丸カッコは省略可能なことを表します。
　　例1 □ **chlorophyl(l)**　クロロフィル
　　　　➡ ① chlorophyl、② chlorophyll のいずれも「クロロフィル」を表します。
　　例2 □ **electromagnetic force**　電磁(気)力
　　　　➡「電磁(気)力」の「気」は省略可能で、①電磁力、または②電磁気力を表します。

カギカッコは、他の語で言い換えられることを表します。
　　例1 □ **cross [intersect]**　交わる
　　　　➡ ① cross、② intersect のいずれも「交わる」を表します。
　　例2 □ **common divisor [factor, measure]**　公約数
　　　　➡ ① common divisor、② common factor、③ common measure のいずれも「公約数」を表します。

pl. は、複数形（plural）を表します。
　　例1 □ **spectrum pl. spectra**　スペクトル
　　　　➡ spectra は、spectrum の複数形を表します。
　　例2 □ **atomic nucleus pl. atomic nuclei**　原子核
　　　　➡ atomic nuclei は、atomic nucleus の複数形を表します。

1. 数学用語
(Terminology of Mathematics)

☐ absolute maximum	最大値
☐ absolute minimum	最小値
☐ absolute value	絶対値
☐ acute angle	鋭角
☐ acute triangle	鋭角三角形
☐ addition	加法
☐ adjacent angle	隣接角
☐ alternate angle	錯角
☐ altitude [height]	高さ
☐ amplitude	振幅
☐ angle	角
☐ angle bisector	角の二等分線
☐ approximately	近似的に、およそ
☐ approximation	概数
☐ arc	弧
☐ area	面積
☐ arithmetic progression	等差数列
☐ arrowhead	矢尻形四辺形
☐ asymptote	漸近線
☐ average	平均
☐ axiom	公理
☐ bar chart	（複数の棒の）棒グラフ
☐ bar graph	棒グラフ
☐ base	底辺、底面、（対数の）底
☐ base angle	底角
☐ base vector	基底ベクトル
☐ be bounded	有界である

第6章 覚えておきたい理系用語

139

□ be called 〜	〜と呼ばれる
□ be collinear	同一直線上にある
□ be complementary	余角をなす
□ be concave downward	下に凹である
□ be concave upward	上に凹である
□ be continuous	連続である
□ be convex downward	下に凸である
□ be convex upward	上に凸である
□ be coplanar	同一平面上にある
□ be decreasing	単調減少である
□ be denoted by 〜	〜表される
□ be dependent	従属である
□ be differentiable	微分可能である
□ be equal to 〜	〜に等しい
□ be expressed by 〜	〜で表される
□ be given by 〜	〜で与えられる
□ be independent	独立である
□ be linearly dependent	一次従属である、線型従属である
□ be linearly independent	一次独立である、線型独立である
□ be noncollinear	同一直線上にない
□ be noncoplanar	同一平面上にない
□ be parallel	平行である
□ be perpendicular	直交している
□ be similar	相似である
□ be supplementary	補角をなす
□ be valid for 〜	〜に成り立つ、〜に有効である
□ bias	偏り
□ binary number	二進数
□ binomial	二項式
□ binomial theorem	二項定理
□ bisect	二等分する
□ bisector	二等分線
□ both sides	両辺

□ bracket	括弧（カッコ）
□ broken line	折れ線、破線
□ capacity	容積
□ central angle	中心角
□ chord	弦
□ circle	円
□ circumference	円周
□ circumscribed circle	外接円
□ coefficient	係数
□ column	列
□ column matrix	縦行列
□ column vector	列ベクトル
□ combination	組合せ
□ common difference	公差
□ common divisor [factor, measure]	公約数
□ common logarithm	常用対数
□ common multiple	公倍数
□ common ratio	公比
□ compasses	コンパス
□ complementary angle	余角
□ complex number	複素数
□ complex root	虚数解
□ composite function	合成関数
□ conditional probability	条件つき確率
□ cone	円錐
□ congruence	合同
□ conical	円錐状の
□ consecutive number	連続する数
□ constant	定数
□ constant of integration	積分定数
□ continuous variable	連続変数
□ contrapositive	対偶

第6章　覚えておきたい理系用語

☐ convergence	収束
☐ converse	逆
☐ coordinate	座標
☐ coordinate axis	座標軸
☐ coordinate plane	座標平面
☐ correlation	相関
☐ corresponding angle	同位角、対応する角
☐ corresponding side	対応する辺
☐ cosine curve	余弦曲線
☐ cosine function	余弦関数
☐ cross [intersect]	交わる
☐ cross section	断面
☐ cross-sectional area	断面積
☐ cube	立方体
☐ cube number [cubic number]	立方数（三乗数）
☐ cube root	立方根
☐ cubic number [cube number]	立方数（三乗数）
☐ cuboid	直方体
☐ cumulative frequency	累積度数
☐ curve	曲線
☐ cylinder	円柱
☐ data	データ
☐ De Morgan's law	ド・モルガンの法則
☐ decagon	十角形
☐ decimal	小数
☐ decimal number	十進数
☐ decimal point	小数点
☐ definite integral	定積分
☐ degree	度（°）
☐ denominator	分母
☐ derived function	導関数
☐ determinant	行列式

☐ deviation	偏差	
☐ diagonal	対角線	
☐ diagonal matrix	対角行列	
☐ diameter	直径	
☐ difference	差	
☐ different sign [unlike sign]	異符号	
☐ differential	微分	
☐ differential and integral calculus	微積分	
☐ differential coefficient	微分係数	
☐ differential equation	微分方程式	
☐ dimension	次元	
☐ direct proportion	正比例	
☐ discrete variable	離散変数	
☐ discriminant	判別式	
☐ divergence	発散	
☐ division	除法	
☐ divisor [factor, measure]	約数	
☐ domain	定義域	
☐ double negation	二重否定	
☐ element	（ベクトル／行列の）成分	
☐ elimination	消去	
☐ ellipse	楕円	
☐ empty set	空集合	
☐ equal	等しい	
☐ equality	等式	
☐ equation	方程式	
☐ equilateral polygon	等辺多角形	
☐ error	誤差	
☐ even number	偶数	
☐ expansion	展開	
☐ exponent	指数	
☐ expression	式	

第6章　覚えておきたい理系用語

□ exponential function	指数関数
□ exterior angle [external angle]	外角
□ external angle [exterior angle]	外角
□ extrapolation	外挿
□ face	面
□ factor [divisor, measure]	約数
□ factor	因数、因数分解する
□ factorial	階乗
□ figure	図形、図
□ finite sequence	有限数列
□ first quadrant	第一象限
□ first term	初項
□ foot of a perpendicular	垂線の足
□ formula, pl. formulae	式、公式
□ fourth quadrant	第四象限
□ fraction	分数
□ frequency	度数、振動数、周波数
□ frequency distribution	度数分布
□ frequency distribution curve	度数分布曲線
□ function	関数
□ geometric progression	等比数列
□ gradient	傾き
□ graph	グラフ
□ greatest common divisor [factor, measure]	最大公約数
□ height [altitude]	高さ
□ hemisphere	半球
□ heptagon	七角形
□ hexagon	六角形
□ hexagonal prism	六角柱
□ high correlation	強い相関

□ histogram	ヒストグラム
□ homothetic ratio	相似比
□ horizontal axis	横軸
□ horizontal line	水平線
□ hyperbola	双曲線
□ hypotenuse	（直角三角形の）斜辺
□ hypothesis	仮説
□ imaginary number	虚数
□ improper fraction	仮分数
□ increment	増分
□ indefinite integral	不定積分
□ inequality	不等式
□ infinite sequence	無限数列
□ infinity	無限大
□ inflection point	変曲点
□ inner product	内積（スカラー積 scalar product）
□ inscribed angle	円周角
□ inscribed circle	内接円
□ integer	整数
□ integral	積分
□ intercept	切片
□ interior angle [internal angle]	内角
□ internal angle [interior angle]	内角
□ intersect [cross]	交わる
□ intersecting line	交わる直線
□ intersection point	交点
□ inverse	裏
□ inverse matrix	逆行列
□ inverse operation	逆演算
□ inverse proportion	反比例
□ irrational number	無理数
□ isosceles right triangle	直角二等辺三角形

第6章

覚えておきたい理系用語

☐ isosceles trapezoid	［米］等脚台形（［英］isosceles trapezium）
☐ isosceles triangle	二等辺三角形
☐ kite	たこ形四辺形
☐ lateral area	側面積
☐ law of cosines	余弦定理
☐ law of sines	正弦定理
☐ least common multiple	最小公倍数
☐ left-hand side [left side]	左辺
☐ left side [left-hand side]	左辺
☐ length	縦、長さ、（ベクトルの）長さ
☐ like sign [same sign]	同符号
☐ like term [similar term]	同類項
☐ limit	極限
☐ limit value	極限値
☐ line [straight line]	直線
☐ line graph	折れ線グラフ
☐ line segment [segment]	線分
☐ line symmetry	線対称
☐ linear equation	一次方程式、線形方程式
☐ linear function	一次関数、線形関数
☐ local maximum	極大値
☐ local minimum	極小値
☐ locus	軌跡
☐ logarithmic function	対数関数
☐ lower base	下底
☐ magnitude	（ベクトルの）大きさ
☐ mapping	写像
☐ mathematical	数学の
☐ mathematical induction	数学的帰納法
☐ mathematics	数学

☐ matrix	行列
☐ mean	平均
☐ measure [divisor, factor]	約数
☐ measure of angle	角度
☐ median	メデイアン（中央値）、中線
☐ midpoint	中点
☐ mixed number	帯分数
☐ mode	モード（最頻値）
☐ monomial	単項式
☐ multiple	倍数
☐ multiplication	乗法
☐ multiplication table	かけ算の九九表
☐ multiplied by 〜	〜が掛けられた
☐ natural logarithm	自然対数
☐ negative correlation	負の相関
☐ negative integer	負の整数
☐ negative number	負の数
☐ net	展開図
☐ next term	次項
☐ nonagon	九角形
☐ nonparallel	平行でない
☐ non-right triangle	直角三角形ではない三角形
☐ normal	法線
☐ normal distribution	正規分布
☐ n-th root	n 乗根
☐ n-th term	第 n 項
☐ number line	数直線
☐ numerator	分子
☐ oblique [slanting]	斜めの
☐ oblique triangle	斜三角形（直角を含まない三角形）
☐ obtuse angle	鈍角

第6章　覚えておきたい理系用語

☐ obtuse triangle	鈍角三角形
☐ octagon	八角形
☐ odd number	奇数
☐ operation	演算
☐ opposite angle	対角
☐ opposite side	対辺
☐ origin	原点
☐ oscillation	振動
☐ outer product	外積（ベクトル積 vector product）
☐ parabola	放物線
☐ parallel line	平行線
☐ parallelogram	平行四辺形
☐ parenthesis, pl. parentheses	カッコ
☐ pentagon	五角形
☐ pentagonal pyramid	五角錐
☐ perimeter	周の長さ
☐ period	周期
☐ permutation	順列
☐ perpendicular	垂線、垂直の
☐ perpendicular bisector	垂直二等分線
☐ perpendicular line	直交する直線
☐ pie chart	円グラフ
☐ plane	平面
☐ plane figure	平面図形
☐ point	点
☐ point of contact	接点
☐ point symmetry	点対称
☐ polygon	多角形
☐ polyhedron	多面体
☐ polynomial	多項式
☐ population	母集団
☐ positive correlation	正の相関

☐ positive integer	正の整数
☐ positive number	正の数
☐ power	ベキ
☐ preceding term	前項
☐ prime	プライム［ダッシュ］記号（「'」記号）
☐ prime factor	素因数
☐ prime factorization	素因数分解
☐ prime number	素数
☐ prism	角柱
☐ probability	確率
☐ product	積
☐ proof	証明
☐ proper fraction	真分数
☐ proportion	比例
☐ protractor	分度器
☐ pyramid	角錐
☐ Pythagorean number	ピタゴラス数
☐ Pythagorean theorem	ピタゴラスの定理
☐ quadrant	象限
☐ quadratic curve	二次曲線
☐ quadratic equation	二次方程式
☐ quadratic formula	（二次方程式の）解の公式
☐ quadratic function	二次関数
☐ quadrilateral	四角形
☐ quadrilateral pyramid	四角錐
☐ quotient	商
☐ radius	半径
☐ random sampling	無作為抽出
☐ range	範囲
☐ ratio	比
☐ rational number	有理数

第6章 覚えておきたい理系用語

☐ ray	半直線
☐ real number	実数
☐ real root	実数解
☐ reasoning	推論
☐ reciprocal	逆数
☐ rectangle	長方形
☐ rectangular prism	四角柱
☐ recurrence formula	漸化式
☐ recurring decimal	循環小数
☐ reduction	約分
☐ regular dodecahedron	正十二面体
☐ regular hexagon	正六角形
☐ regular hexahedron	正六面体
☐ regular icosahedron	正二十面体
☐ regular octahedron	正八面体
☐ regular polygon	正多角形
☐ regular polyhedron	正多面体
☐ regular tetrahedron	正四面体
☐ regular triangle	正三角形
☐ remainder	余り
☐ repeated root	重解（重根）
☐ respectively	それぞれ
☐ rhombus	ひし形
☐ right angle	直角
☐ right-hand side [right side]	右辺
☐ right side [right-hand side]	右辺
☐ right triangle	直角三角形
☐ Rolle's theorem	ロルの定理
☐ rotation	回転
☐ rotational symmetry	回転対称
☐ round	四捨五入する
☐ round down	切り捨てる
☐ round up	切り上げる

□ rounding	四捨五入	
□ row	行	
□ row matrix	横行列	
□ row vector	行ベクトル	
□ ruler	定規	
□ same sign [like sign]	同符号	
□ sample	標本	
□ sampling	標本抽出	
□ scalar	スカラー	
□ scalar multiplication	スカラー倍	
□ scalar product	スカラー積（内積 inner product）	
□ scalar quantity	スカラー量	
□ scalene triangle	不等辺三角形	
□ secant	割線	
□ second quadrant	第二象限	
□ second-order polynomial equation	二次の多項式	
□ sector	おうぎ形	
□ segment	弓形	
□ segment [line segment]	線分	
□ semicircle	半円	
□ sequence	数列	
□ set	集合	
□ shape	形	
□ side	辺	
□ significant figure	有効数字	
□ similar figure	相似図形	
□ similar polygon	相似多角形	
□ similar term [like term]	同類項	
□ similar triangle	相似三角形	
□ simultaneous equations	連立方程式	
□ sine curve	正弦曲線	
□ sine function	正弦関数	

第6章　覚えておきたい理系用語

□ slant height	斜高
□ slanting [oblique]	斜めの
□ slope	傾き
□ solution	解
□ solve	解く
□ sphere	球
□ square	正方形、二乗
□ square matrix	正方行列
□ square number	平方数（二乗数）
□ square pyramid	四角錐
□ square root	平方根
□ standard deviation	標準偏差
□ statistics	統計
□ straight line [line]	直線
□ subscript	下付き文字
□ subset	部分集合
□ substitute	代入する
□ substitution	代入
□ subtraction	減法
□ sum	和、合計
□ superscript	上付き文字
□ supplementary angle	補角
□ surface area	表面積
□ symmetry	対称
□ table	表
□ tangent	接線、正接、タンジェント
□ tangent curve	正接曲線
□ tangent function	正接関数
□ term	項
□ terminology	（専門）用語
□ tetrahedron	四面体
□ theorem	定理

□ third quadrant	第三象限	
□ time	掛ける	
□ transformation	変換	
□ translation	平行移動	
□ transpose	転置行列	
□ transversal	横断線	
□ trapezium	［米］不等辺四角形、［英］台形	
□ trapezoid	［米］台形、［英］不等辺四角形	
□ triangle	三角形	
□ triangular prism	三角柱	
□ triangular pyramid	三角錐	
□ trigonometric function	三角関数	
□ trinomial	三項式	
□ truth table	真理値表	
□ unit matrix	単位行列	
□ unit vector	単位ベクトル	
□ unlike sign [different sign]	異符号	
□ upper base	上底	
□ value	値	
□ variable	変数	
□ vector	ベクトル	
□ vector product	ベクトル積（外積 outer product）	
□ vector quantity	ベクトル量	
□ vertex	頂点	
□ vertical	鉛直な	
□ vertical angle	対頂角	
□ vertical axis	縦軸	
□ vertical line	垂直線	
□ volume	体積	
□ weak correlation	弱い相関	

第6章　覚えておきたい理系用語

153

☐ width	横
☐ x-axis	x 軸
☐ x-coordinate	x 座標
☐ x-z plane	x-z 平面
☐ y-axis	y 軸
☐ y-coordinate	y 座標
☐ y-intercept	y 切片
☐ y-z plane	y-z 平面
☐ z-axis	z 軸
☐ zero matrix	ゼロ行列
☐ zero vector	ゼロベクトル

2. 物理・化学用語 (Terminology of Physics & Chemistry)

☐ absolute mass	絶対質量
☐ absolute temperature	絶対温度
☐ absolute zero	絶対零度
☐ absorb	（熱・光・気体・液体・衝撃・音などを）吸収する
☐ absorbance	吸光度
☐ absorption spectrum	吸収スペクトル
☐ abstract	要旨
☐ abundance ratio	存在比
☐ abundant element	多く存在する元素
☐ acceleration	加速度
☐ acceleration of gravity	重力加速度
☐ accelerator	加速器
☐ accepted (date)	掲載決定した日付

□ acceptor	アクセプタ
□ acetaldehyde	アセトアルデヒド
□ acetalization	アセタール化
□ acetic acid	酢酸
□ acetone	アセトン
□ acetyl coenzym	アセチル補酵素 A
□ acetylene	アセチレン
□ acid	酸
□ acid rain	酸性雨
□ acid salt	酸性塩
□ acidic oxide	酸性酸化物
□ acidity	酸性度
□ acknowledg(e)ments	謝辞（e がないのが米語）
□ acrylic acid	アクリル酸
□ act on ～	～に作用する
□ actinoid	アクチノイド
□ action	作用
□ activated complex	活性錯体
□ activation energy	活性化エネルギー
□ active carbon	活性炭
□ active material	活物質
□ addition	添加、添加物
□ addition polymerization	付加重合
□ addition reaction	付加反応
□ adenine (A)	アデニン
□ adenosine triphosphate (ATP)	アデノシン三リン酸
□ adiabatic change	断熱変化
□ adsorbent	吸着剤
□ advanced ceramics	ファインセラミックス
□ aerobic respiration	好気呼吸
□ aerosol	エアロゾル
□ age determination	年代測定
□ alcoholic fermentation	アルコール発酵

第6章

覚えておきたい理系用語

□ aldehyde group	アルデヒド基
□ alga, pl. algae	藻（類）
□ alkali	アルカリ
□ alkali metal	アルカリ金属
□ alkaline-earth metal	アルカリ土類金属
□ allotrope	同素体
□ alloy	合金
□ alpha decay	α崩壊、アルファ崩壊
□ alpha particle	α粒子、アルファ粒子
□ alpha ray	α線、アルファ線
□ alternating current（AC）	交流
□ amide bond	アミド結合
□ amino acid	アミノ酸
□ amino group	アミノ基（NH_2-）
□ amino resin	アミノ樹脂
□ ammeter	電流計
□ ammonia	アンモニア（NH_3）
□ ammonia production	アンモニア製造
□ ammonia soda process	アンモニアソーダ法
□ ammonia synthesis reaction	アンモニア合成反応
□ amorphous	アモルファス、非晶質
□ amorphous metal	アモルファス金属
□ amorphous solid	無定形固体、アモルファス固体
□ ampere	アンペア（SI 単位系の基本単位。電流の単位）
□ Ampere's law	アンペールの法則
□ amphoteric hydroxide	両性水酸化物
□ amphoteric oxide	両性酸化物
□ amphoteric surfactant	両性界面活性剤
□ amplification	増幅作用
□ amplifier	増幅器、アンプ
□ amplitude	振幅
□ anabolism [assimilation]	同化
□ anaerobic respiration	嫌気呼吸

□ analogy	類似、類推	
□ angle of incidence [incident angle]	入射角	
□ angle of refraction [refractive angle]	屈折角	
□ aniline	アニリン	
□ anion	陰イオン、アニオン	
□ anion-exchange resin	陰イオン交換樹脂	
□ anionic surfactant	陰イオン界面活性剤	
□ anode [positive electrode]	陽極	
□ antibiotic(s)	抗生物質	
□ antimatter	反物質	
□ antimony	アンチモン（Sb）	
□ antiparticle	反粒子	
□ antipode	対掌体	
□ applied voltage	印加電圧	
□ approximation	近似値	
□ aqua regia	王水（濃塩酸と濃硝酸の3：1の混合液）	
□ aqueous solution	水溶液	
□ aramid fiber	アラミド繊維	
□ Archimedes' principle	アルキメデスの原理	
□ argon	アルゴン（Ar）	
□ aromatic polyamide	芳香族ポリアミド	
□ Arrhenius' equation	アレニウスの式	
□ arsenic	ヒ素（As）	
□ artificial	人工の、人工的な	
□ artificial element	人工元素	
□ artificial nitrogen fixation	人工的窒素固定	
□ artificial photosynthesis	人工光合成	
□ artificially	人工的に	
□ as follows	次の通りで	
□ assimilate	吸収する、同化させる	
□ associated molecule	会合分子	
□ astatine	アスタチン（At）	
□ astronomical velocity	宇宙速度	

第6章 覚えておきたい理系用語

□ asymmetric synthesis	不斉合成
□ atmosphere	大気、雰囲気
□ atmospheric	大気中の
□ atmospheric pressure	気圧
□ atom	原子
□ atomic force	原子間力
□ atomic group	原子団
□ atomic nucleus pl. atomic nuclei	原子核
□ atomic number	原子番号
□ atomic orbital	原子軌道
□ atomic symbol	原子記号
□ atomic weight	原子量
□ ATP（＝adenosine triphosphate）	ATP（アデノシン三リン酸）
□ Aurora（Boreales), pl. Aurora Borealis	オーロラ、北極光
□ author	著者
□ auxochrome	助色団
□ Avogadro's constant	アボガドロ定数
□ Avogadro's law	アボガドロの法則
□ Avogadro's number	アボガドロ数
□ AZE-notation	AZE 表記
□ Balmer series	バルマー系列
□ barium titanate	チタン酸バリウム
□ base	塩基
□ base sequence	塩基配列
□ basic oxide	塩基性酸化物
□ battery [cell]	電池
□ bauxite	ボーキサイト
□ be analogous to ～	～に似ている、～に類似している
□ be approximately expressed by ～	近似的に～で表される
□ be capable of ～	～できる
□ be characterized by ～	～で特徴付けられる
□ be composed of ～	～からできている

□ be converted into ~	~に変換される、~に変えられる
□ be crucial for ~	~に欠かせない、~に不可欠である
□ be decomposed into ~	~に分解される
□ be defined as ~	~として定義される
□ be essential to [for] ~	~にとって絶対必要な、~に必須の、~に極めて重要な
□ be expressed by ~	~で表される
□ be facing ~	~に直面している
□ be famous as ~	~として有名である
□ be given by ~	~で与えられる
□ be identical to ~	~と全く一致している、~とあらゆる点で等しい
□ be known to ~	~することで知られている、~に知られている
□ be made (up) of ~	~からできている
□ be needed for ~	~に必要である
□ be present	存在する
□ be required for ~	~に必要である
□ be responsible for ~	~の原因である
□ be synthesized from ~	~から合成される
□ be used for ~	~に使われる
□ be valued	貴重である、重要である
□ benzene	ベンゼン
□ benzoic acid	安息香酸
□ beryllium	ベリリウム（Be）
□ beta decay	β崩壊、ベータ崩壊
□ beta ray	β線、ベータ線
□ Big Bang	ビッグバン
□ biodegradable resin	生分解性樹脂
□ biological	生物の、生物学の
□ biologically harmful	生物にとって有害な
□ biology	生物学
□ biomolecule	生分子、生体分子、生物分子
□ biopolymer	生体高分子
□ blue shift [blueshift]	青方偏移

第6章 覚えておきたい理系用語

☐ boat conformation	舟形配座	
☐ body [object]	物体	
☐ body-centered cubic lattice（bcc）	体心立方格子	
☐ Bohr radius	ボーア半径	
☐ boiling point	沸点	
☐ Boltzmann constant	ボルツマン定数	
☐ bond	価標、結合	
☐ bond energy	結合エネルギー	
☐ boron	ホウ素（B）	
☐ both as A and B	A としても、また B としても	
☐ bottleneck	ボトルネック、障害	
☐ Boyle-Charles' law	ボイル–シャルルの法則	
☐ Bragg condition	ブラッグ条件	
☐ Bragg reflection	ブラッグ反射	
☐ bromine	臭素（Br）	
☐ Brownian motion	ブラウン運動	
☐ buffer action	緩衝作用	
☐ buffer solution	緩衝液	
☐ buoyancy	浮力	
☐ butadiene rubber	ブタジエンゴム	
☐ by volume	体積で	
☐ by weight	重量で	
☐ calibrate	校正する	
☐ calibration	校正	
☐ calorimeter	熱量計	
☐ capillarity	毛細管現象	
☐ carbohydrate	炭水化物	
☐ carbon	炭素（C）	
☐ carbon atom	炭素原子	
☐ carbon cycle	炭素循環	
☐ carbon dioxide	二酸化炭素（CO_2）	
☐ carbon dioxide assimilation	炭酸同化	

□ carbon fiber	カーボンファイバー、炭素繊維	
□ carbon fixation	炭素固定	
□ carbon monoxide	一酸化炭素（CO）	
□ carbon nanotube	カーボンナノチューブ	
□ carbonyl group	カルボニル基（–CO）	
□ carboxyl group	カルボキシル基（–COOH）	
□ carrier	キャリア、担体	
□ catabolism	異化	
□ catalysis	触媒作用	
□ catalyst	触媒	
□ cathode [negative electrode]	陰極	
□ cathode ray	陰極線	
□ cation	陽イオン、カチオン	
□ cation-exchange resin	陽イオン交換樹脂	
□ cationic surfactant	陽イオン界面活性剤	
□ cell [battery]	電池	
□ center of gravity	重心	
□ central force	中心力	
□ centrifugal force	遠心力	
□ centripetal acceleration	向心加速度	
□ centripetal force	向心力	
□ chain compound	鎖式化合物	
□ chain reaction	連鎖反応	
□ chair conformation	いす形配座	
□ characteristic X-ray	固有 X 線、特性 X 線	
□ characteristics	特性	
□ charge	電荷、充電（する）	
□ charged object	荷電を帯びた物体	
□ charging	充電	
□ chemical compound	（化学）化合物	
□ chemical element	化学元素	
□ chemical energy	化学エネルギー	
□ chemical equilibrium	化学平衡	

第6章 覚えておきたい理系用語

□ chemical formula	化学式
□ chemical kinetics	反応速度論
□ chemical process	化学過程
□ chemical property	化学特性
□ chemical reaction	化学反応
□ chemical reaction rate	化学反応速度
□ chemical resistance	耐薬品性
□ chemical symbol	化学記号
□ chemical-free	化学薬品を使用していない
□ chemistry	化学
□ chlorine	塩素（Cl）
□ chloro-	クロロ（「塩素」を意味する接頭辞）
□ chlorofluorocarbon（CFC）	フロン
□ chlorophyl(l)	クロロフィル、葉緑素
□ chloroplast	葉緑体、クロロプラスト
□ chromatography	クロマトグラフィー
□ chromophore	発色団
□ circular coil	円形コイル
□ cis form	シス形
□ cis-trans isomer	シス - トランス異性体
□ citric acid cycle	クエン酸回路
□ Clarke number	クラーク数
□ closed shell	閉殻
□ coagulation	凝析、（タンパク質の）凝固
□ cochineal	コチニール
□ coefficient	係数
□ coefficient of friction	摩擦係数
□ coenzyme	補酵素
□ collector	コレクタ
□ collector current	コレクタ電流
□ colloid	コロイド
□ colloidal particle	コロイド粒子
□ colorless	無色の

□ column	列、（行列の）列
□ column chromatography	カラムクロマトグラフィー
□ combustion	燃焼
□ complementary color	補色
□ complex	錯体
□ complex ion	錯イオン
□ composition formula	組成式
□ compound	化合物
□ Compton effect	コンプトン効果
□ Compton scattering	コンプトン散乱
□ concave lens	凹レンズ
□ concentrated hydrochloric acid	濃塩酸（conc. HCl）
□ concentrated nitric acid	濃硝酸（conc. HNO_3）
□ concentrated sulfuric acid	濃硫酸（conc. H_2SO_4）
□ concentration	濃度
□ conclusion [summary]	まとめ、結論
□ concrete	コンクリート
□ condensation	凝縮、縮合
□ condensation polymerization	縮合重合
□ condenser	コンデンサー
□ conduction band	伝導帯
□ conduction electron	伝導電子
□ conductive polymer	導電性高分子
□ conductive resin	導電性樹脂
□ conductor	（熱・電気・光・音の）伝導体、導体
□ conjugated double bond	共役二重結合
□ consist of ～	～からできている
□ consist wholly of ～	～だけからできている
□ constant	定数、一定
□ constitute ～ percent of …	…の～％を占める
□ contain	含む
□ continue to move	動き続ける
□ continuous X-ray	連続 X 線

第6章

覚えておきたい理系用語

☐ convert	変える、変換する
☐ converter	コンバーター、変換器
☐ convex lens	凸レンズ
☐ coordinate bond	配位結合
☐ coordination number	配位数
☐ copolymerization	共重合
☐ copper	銅（Cu）
☐ copper sulfide	硫化銅
☐ correspond to ～	～に対応する
☐ corrosion	腐食
☐ corrosive	腐食性の
☐ Coulomb force	クーロン力
☐ Coulomb's law	クーロンの法則
☐ covalent bond	共有結合
☐ covalent crystal	共有結合結晶
☐ covalent radius	共有結合半径
☐ crest	山（波形の最も高いところ）
☐ critical	決定的に重要な意味を持つ
☐ critical angle	臨界角
☐ critical problem	重大な問題
☐ critical state	臨界(状態)
☐ critical temperature	臨界温度
☐ cross-linking	架橋結合
☐ crystal	結晶
☐ crystal lattice	結晶格子
☐ crystalline region	結晶領域
☐ crystalline substance	結晶質
☐ cumene process	クメン法
☐ current [electric current]	電流
☐ cyanobacteria	シアノバクテリア
☐ cycle	サイクル
☐ cyclic compound	環式化合物
☐ cytosine (C)	シトシン

☐ Daniell cell	ダニエル電池
☐ dark reaction	暗反応
☐ dark-field microscope	暗視野顕微鏡
☐ de Broglie wave	ド・ブロイ波
☐ de Broglie wavelength	ド・ブロイ波長
☐ deactivation	失活
☐ degree of freedom	自由度
☐ deionized water	脱イオン水
☐ deliquescence	潮解
☐ density	密度
☐ deoxyribonucleic acid (DNA)	デオキシリボ核酸
☐ depolarizer	減極剤
☐ depression of freezing point	凝固点降下
☐ depression of vapor pressure	蒸気圧降下
☐ desiccating agent	乾燥剤
☐ detergent	洗剤
☐ deuterium	重水素（D）、ジュウテリウム
☐ dialysis	透析
☐ diamagnetism	反磁性
☐ diamond	ダイヤモンド
☐ diamond structure	ダイヤモンド構造
☐ diaphragm process	隔膜法
☐ diatomic gas	二原子気体
☐ diatomic molecule	二原子分子
☐ diazo coupling	ジアゾカップリング
☐ diazotization	ジアソ化
☐ dielectric constant	誘電率
☐ dielectric substance	誘電体
☐ diffraction fringe	回折縞
☐ diffraction grating	回折格子
☐ diffusion	拡散
☐ digestion	消化

第6章 覚えておきたい理系用語

☐ dilute hydrochloric acid	希塩酸（dil. HCl）
☐ dilute nitric acid	希硝酸（dil. HNO_3）
☐ dilute sulfuric acid	希硫酸（dil. H_2SO_4）
☐ dimension	次元、ディメンション
☐ dimensionless quantity	無次元量
☐ dimer	ダイマー、二量体
☐ diode	ダイオード
☐ dipole	双極子
☐ dipole moment	双極子モーメント
☐ direct current（DC）	直流
☐ discharge [electric discharge]	放電
☐ discrete values of energy	とびとびのエネルギー値
☐ discussion	（論文における）考察
☐ dispersion colloid	分散コロイド
☐ dispersion medium	分散媒
☐ dispersion system	分散系
☐ displacement	変位（移動量）
☐ dissociation	解離
☐ distance	距離
☐ distance of separation	離れた距離
☐ distillation	蒸留
☐ DNA (deoxyribonucleic acid)	DNA（デオキシリボ核酸）
☐ Doppler effect	ドップラー効果
☐ double bond	二重結合
☐ double helix	二重らせん（構造）
☐ drag force	抗力
☐ dry ice	ドライアイス
☐ ductility	延性
☐ dye	染料
☐ dyeing	染色
☐ earth	接地、アース
☐ eddy current	渦電流

☐ efficiency	効率	
☐ efflorescence	風解	
☐ ejected electron	放出電子	
☐ elastic body	弾性体	
☐ elastic collision	弾性衝突	
☐ elastic energy	弾性エネルギー	
☐ elastic force	弾性力	
☐ elastic potential energy	弾性力による位置エネルギー	
☐ elasticity	弾性	
☐ electric capacity	電気容量	
☐ electric charge	電荷	
☐ electric current [current]	電流	
☐ electric discharge [discharge]	放電	
☐ electric energy	電気エネルギー	
☐ electric furnace	電気炉	
☐ electric power	電力	
☐ electric resistance	電気抵抗	
☐ electric(al) field	電界、電場	
☐ electrochemically	電気化学的に	
☐ electrolysis	電気分解、電解	
☐ electrolyte	電解質	
☐ electrolytic dissociation	電離	
☐ electrolytic dissociation constant	電離定数	
☐ electrolytic dissociation equilibrium	電離平衡	
☐ electrolytic smelting	電解製錬	
☐ electromagnet	電磁石	
☐ electromagnetic force	電磁気力	
☐ electromagnetic induction	電磁誘導	
☐ electromagnetic lens	電磁レンズ	
☐ electromagnetic wave	電磁波	
☐ electromotive force（EMF）	起電力	
☐ electron	電子	
☐ electron affinity	電子親和力	

第6章 覚えておきたい理系用語

□ electron beam	電子線	
□ electron configuration	電子配置	
□ electron microscope	電子顕微鏡	
□ electron pair	電子対	
□ electron shell	電子殻	
□ electron transfer	電子伝達	
□ electron trap	電子トラップ	
□ electronegative	電気陰性の	
□ electronegativity	電気陰性度	
□ electrophoresis	電気泳動	
□ electroplating	電気めっき	
□ electrostatic energy	静電エネルギー	
□ electrostatic force	静電気力	
□ electrostatic induction	静電誘導	
□ element	元素	
□ elemental	元素の	
□ elementary analysis	元素分析	
□ elementary electric charge	電気素量	
□ elementary particle	素粒子	
□ elevation of boiling point	沸点上昇	
□ ellipsoid	楕円体	
□ emission spectrum	発光スペクトル	
□ emit	（熱・光・気体・液体・衝撃・音などを）放射する、放出する	
□ emitter	エミッタ	
□ emitter current	エミッタ電流	
□ empirical equation	経験式	
□ emulsification	乳化作用	
□ emulsion	乳濁液	
□ enable ～	～を可能にする	
□ enantiomer	鏡像異性体	
□ endothermic reaction	吸熱反応	
□ energy band	エネルギーバンド、バンド	
□ energy change	エネルギー変化	

☐ energy level	エネルギー準位
☐ energy metabolism	エネルギー代謝
☐ energy of dissociation	解離エネルギー
☐ energy quantum	エネルギー量子
☐ energy transfer molecule	エネルギー伝達分子
☐ energy-related equation	エネルギーに関係する式
☐ environmentally-friendly	環境にやさしい、環境に配慮した
☐ enzyme	酵素
☐ ephedrine	エフェドリン
☐ equation	式
☐ equilibrium	平衡
☐ equilibrium constant	平衡定数
☐ equilibrium position	平衡位置、均衡位置
☐ erected image	正立像
☐ escape velocity	脱出速度
☐ ethane	エタン（C_2H_6）
☐ ether linkage ［bond］	エーテル結合
☐ ethyl alcohol	エチルアルコール
☐ ethylene	エチレン（C_2H_4）
☐ evaporation	蒸発
☐ excellent property	優れた性質
☐ excited state	励起状態
☐ exert	発揮する、働かせる
☐ exert a force on ～	～に力を及ぼす
☐ exist	存在する
☐ exist as ～	～として存在する
☐ exothermic reaction	発熱反応
☐ experiment	実験
☐ experimental error	実験誤差
☐ external force	外力
☐ extraction	抽出
☐ face-centered cubic lattice （FCC）	面心立方格子

第6章 覚えておきたい理系用語

☐ Faraday constant	ファラデー定数
☐ Faraday's law of electrolysis	ファラデーの電気分解の法則
☐ Faraday's law of induction	ファラデーの電磁誘導の法則
☐ fat	脂質
☐ fatty acid ester	脂肪酸エステル
☐ fertilizer	肥料
☐ field	場
☐ filtration	ろ過
☐ fine particle	微粒子
☐ first law of thermodynamics	熱力学第 1 法則
☐ flame reaction	炎色反応
☐ fluid	流体
☐ fluorescence	蛍光
☐ fluoride	フッ化物
☐ fluorine	フッ素（F）
☐ fluorocarbon polymer	フッ素樹脂、フッ素ポリマー
☐ fluorocarbon rubber	フッ素ゴム
☐ fluororubber	フッ素ゴム
☐ focal length	焦点距離
☐ focus	焦点
☐ forbidden band	禁止帯、禁制帯
☐ force	力
☐ formula, pl. formulae	式、公式
☐ fossil fuel	化石燃料
☐ fractional distillation	分留、分別蒸留
☐ free electron	自由電子
☐ free fall	自由落下
☐ freezing mixture	寒剤
☐ frequency	振動数、周波数
☐ frequency condition	振動数条件
☐ friction	摩擦
☐ frictional force	摩擦力
☐ fuel	燃料

□ fuel cell	燃料電池
□ fullerene	フラーレン
□ functional group	官能基
□ functional resin	機能性樹脂
□ fundamental particle	基本粒子
□ fusion	融解
□ gamma decay	ガンマ崩壊
□ gamma ray, γ ray	ガンマ線
□ gamma-ray emission	ガンマ線放射
□ gas	気体
□ gas chromatography（GC）	ガスクロマトグラフィー
□ gas constant	気体定数
□ gas-liquid equilibrium	気液平衡
□ gas phase	気相
□ Geiger counter	ガイガー・カウンター
□ gel	ゲル
□ gene	遺伝子
□ general theory of relativity	一般相対性理論
□ gene-related	遺伝子関連の
□ genome	ゲノム
□ geocentric theory	天動説
□ germanium	ゲルマニウム（Ge）
□ global warming	地球温暖化
□ gold	金（Au）
□ graphite	グラファイト
□ gravitational acceleration	重力加速度
□ gravitational constant	重力定数
□ gravitational field	重力場
□ gravitational potential energy	重力による位置エネルギー
□ gravity	重力
□ greenhouse effect	温室効果
□ greenhouse gas	温室効果ガス

第6章 覚えておきたい理系用語

☐ ground state	基底状態
☐ group	族
☐ guanine (G)	グアニン
☐ Haber–Bosch process	ハーバー・ボッシュ法
☐ half life	半減期
☐ Hall current	ホール電流
☐ Hall effect	ホール効果
☐ Hall voltage	ホール電圧
☐ halogen	ハロゲン
☐ halogenation	ハロゲン化
☐ hardness	硬さ、硬度
☐ have excellent characteristics	優れた特徴を持っている
☐ heat capacity	熱容量
☐ heat engine	熱機関
☐ heat of combustion	燃焼熱
☐ heat of condensation	凝縮熱
☐ heat of dissolution	溶解熱
☐ heat of formation	生成熱
☐ heat of fusion	融解熱
☐ heat of neutralization	中和熱
☐ heat of reaction	反応熱
☐ heat of solidification	凝固熱
☐ heat of vaporization	気化熱
☐ heat ray	熱線
☐ heat resistance	耐熱性
☐ Heisenberg's uncertainty principle	ハイゼンベルクの不確定性原理
☐ heliocentric theory	地動説
☐ helium	ヘリウム（He）
☐ Henry's law	ヘンリーの法則
☐ Hess' law	ヘスの法則
☐ heterogeneous reaction	不均一系反応
☐ hexa-	ヘキサ（6）

☐ hexagonal close packing（hcp）		六方最密充填
☐ high resistance to 〜		〜に対する高い耐性
☐ higher alcohol		高級アルコール（炭素数 6 以上の鎖式アルコール）
☐ hole		ホール
☐ hollow sphere		中空球
☐ homologue		同族体
☐ homopolymerization		単独重合
☐ Hooke's law		フックの法則
☐ human being		人間
☐ human body		人体
☐ human error		人為的ミス
☐ Huygens' principle		ホイヘンスの原理
☐ hybrid orbital		混成軌道
☐ hydration		水和
☐ hydrochloric acid		塩酸（塩化水素（HCl）の水溶液）
☐ hydrofluoric acid		フッ化水素酸、フッ酸
☐ hydrogen		水素（H）
☐ hydrogen atom		水素原子
☐ hydrogen bond		水素結合
☐ hydrogen chloride		塩化水素（HCl）
☐ hydrogen fluoride		フッ化水素（HF）
☐ hydrogen fuel		水素燃料
☐ hydrogen ion		水素イオン
☐ hydrogen ion exponent		水素イオン指数、ペーハー（pH）
☐ hydrogenation		水素化
☐ hydrogen-storing alloy		水素吸蔵合金
☐ hydrolysis		加水分解
☐ hydrophilic colloid		親水コロイド
☐ hydrophilic group		親水基
☐ hydrophobic colloid		疎水コロイド
☐ hydrophobic group		疎水基
☐ hydroxy group		ヒドロキシ基（–OH）

第6章 覚えておきたい理系用語

□ ideal conductor	理想的な導体	
□ ideal gas	理想気体	
□ ideal gas law	理想気体の状態方程式	
□ i.e.	すなわち	
□ impedance	インピーダンス	
□ in equation form	方程式の形式では	
□ in the atmosphere	大気中に、雰囲気中に	
□ in the Earth's atmosphere	地球の大気中に	
□ in the form of ～	～の形で	
□ in units of ～	～を単位にして	
□ incident angle [angle of incidence]	入射角	
□ incident photon	入射光子	
□ index, pl. indices	指数	
□ indicator	指示薬	
□ induction coil	誘導コイル	
□ industrial synthesis	工業的合成	
□ inelastic collision	非弾性衝突	
□ inert gas	不活性ガス	
□ inertia	慣性	
□ inertial force	慣性力	
□ infrared（IR）	赤外線	
□ initial velocity	初速度	
□ inorganic	無機の	
□ inorganic chemistry	無機化学	
□ inorganic compound	無機化合物	
□ inorganic polymer	無機高分子化合物	
□ insulator	絶縁体	
□ intake	摂取	
□ integer	整数	
□ interact	相互作用する	
□ interaction	相互作用	
□ interference fringes	干渉縞	
□ intermediate state	中間状態	

□ intermolecular	分子間の
□ intermolecular force	分子間力
□ internal energy	内部エネルギー
□ intramolecular	分子内の
□ introduction	はじめに
□ inverse Compton scattering	逆コンプトン散乱
□ inverse-square law	逆2乗法則
□ invert soap	逆性せっけん
□ inverted image	倒立像
□ iodine	ヨウ素（I）
□ iodoform reaction	ヨードホルム反応
□ iodostarch reaction	ヨウ素デンプン反応
□ ion	イオン
□ ionic bond	イオン結合
□ ionic crystal	イオン結晶
□ ionic equation	イオン反応式
□ ionization	電離作用
□ ionization energy	イオン化エネルギー
□ ionization tendency	イオン化傾向
□ iron	鉄（Fe）
□ iron ore	鉄鉱石
□ iron-based	鉄を基にした
□ iron-based catalyst	鉄を基にした触媒
□ irreversible change	不可逆変化
□ irreversible reaction	不可逆反応
□ isobaric change	等圧変化、定圧変化
□ isobutylene	イソブチレン
□ isochoric change	等積変化、定積変化
□ isomer	異性体
□ isoprene rubber	イソプレンゴム
□ isothermal change	等温変化
□ isotope	同位体、アイソトープ
□ IUPAC (International Union of Pure and Applied Chemistry)	

第6章 覚えておきたい理系用語

国際純正および応用化学連合

☐ **IUPAP (International Union of Pure and Applied Physics)**
国際純正および応用物理学連合

☐ **joule** ジュール（熱量の単位）
☐ **Joule's heat** ジュール熱
☐ **Joule's law** ジュールの法則

☐ **K shell** K 殻
☐ **Kelvin** ケルビン（K）
☐ **Kepler's first law** ケプラーの第 1 法則
☐ **Kepler's laws** ケプラーの法則
☐ **Kepler's laws of planetary motion** ケプラーの惑星運動の法則
☐ **Kepler's second law** ケプラーの第 2 法則
☐ **Kepler's third law** ケプラーの第 3 法則
☐ **ketone group** ケトン基
☐ **Kevlar** ケブラー
☐ **kinetic energy** 運動エネルギー
☐ **Kirchhoff's law** キルヒホッフの法則
☐ **krypton** クリプトン（Kr）

☐ **L shell** L 殻
☐ **laboratory** 実験室
☐ **lactase** ラクターゼ
☐ **lactic fermentation** 乳酸発酵
☐ **lactose** 乳糖
☐ **latent heat** 潜熱
☐ **latex** ラテックス
☐ **lattice constant** 格子定数
☐ **lattice energy** 格子エネルギー
☐ **lattice plane** 格子面
☐ **lattice spacing** 格子面間隔
☐ **Laue spot** ラウエ斑点

☐ law	法則	
☐ law of action and reaction	作用反作用の法則	
☐ law of conservation of energy	エネルギー保存則	
☐ law of conservation of mass	質量保存の法則	
☐ law of conservation of mechanical energy	力学的エネルギー保存則	
☐ law of conservation of momentum	運動量保存則	
☐ law of inertia	慣性の法則	
☐ law of mass action	質量作用の法則	
☐ law of mobile equilibrium	平衡移動の法則	
☐ law of reflection	反射の法則	
☐ law of refraction	屈折の法則	
☐ law of universal gravitation	万有引力の法則	
☐ laws of motion	運動の法則	
☐ lead storage battery	鉛蓄電池	
☐ lens	レンズ	
☐ ligand	配位子、リガンド	
☐ light energy	光エネルギー	
☐ light reaction	明反応	
☐ light-quantum [photon]	フォトン、光子、光量子	
☐ light-quantum hypothesis	光量子仮説	
☐ limiting element	限定元素、限定要素	
☐ line of magnetic force	磁力線	
☐ line spectrum	線スペクトル	
☐ lipid	脂質	
☐ liquefaction	液化	
☐ liquid	液体	
☐ liquid argon	液体アルゴン（−186℃）	
☐ liquid crystal	液晶	
☐ liquid helium	液体ヘリウム（−269℃）	
☐ liquid nitrogen	液体窒素（−196℃）	
☐ liquid oxygen	液体酸素（−183℃）	
☐ liquid phase	液相	
☐ liquid refrigerant	液体の冷却剤	

第6章 覚えておきたい理系用語

☐ lithium	リチウム（Li）
☐ lithium-ion battery	リチウムイオン電池
☐ litmus paper	リトマス紙
☐ living organism [organism]	生物
☐ LNG（liquefied natural gas）	液化天然ガス
☐ lone pair	非共有電子対
☐ longitudinal wave	縦波
☐ loop	（定常波の）腹
☐ Lorentz force	ローレンツ力
☐ lower alcohol	低級アルコール（炭素数が 1 〜 5 の鎖式アルコール）
☐ LPG（liquefied petroleum gas）	液化石油ガス
☐ Lyman series	ライマン系列
☐ M shell	M 殻
☐ macromolecule	巨大分子、高分子
☐ magnetic field	磁界、磁場
☐ magnetic flux	磁束
☐ magnetic flux density	磁束密度
☐ magnetic force	磁気力、磁力
☐ magnetic resonance imaging	核磁気共鳴映像法（MRI）
☐ magnetization	磁化
☐ magnification	倍率
☐ main group element	典型元素
☐ malleability	展性
☐ marked line	標線
☐ Markovnikov's rule	マルコフニコフ則
☐ mass	質量
☐ mass defect	質量欠損
☐ mass number	質量数
☐ mass spectrometer	質量分析器
☐ mass spectrometry（MS）	質量分析法
☐ mass spectroscopy	質量分析
☐ material	物質、材料

☐ material(s) science	物質科学、材料科学	
☐ material wave	物質波	
☐ maximum kinetic energy	最大運動エネルギー	
☐ Maxwell-Boltzmann distribution	マクスウェル-ボルツマン分布	
☐ measured value	測定値	
☐ measurement	測定	
☐ mechanical energy	力学的エネルギー	
☐ medium, pl. media	媒質	
☐ melamine resin	メラミン樹脂	
☐ melting point	融点、融解点	
☐ mercury	水銀（Hg）	
☐ Mercury	水星	
☐ meson	中間子	
☐ messenger RNA（mRNA）	メッセンジャー RNA	
☐ meta-	メタ（m-）	
☐ meta orientation	メタ配向性	
☐ metabolism	代謝	
☐ metal	金属	
☐ metallic bond	金属結合	
☐ metallic crystal	金属結晶	
☐ metalloid	半金属	
☐ metastability	準安定	
☐ methacrylate resin	メタクリル樹脂	
☐ methane	メタン（CH_4）	
☐ methyl alcohol	メチルアルコール	
☐ methyl methacrylate	メタクリル酸メチル	
☐ methylene blue	メチレンブルー	
☐ methylene group	メチレン基（$-CH_2-$）	
☐ micell(e)	ミセル	
☐ micell(e) colloid	ミセルコロイド	
☐ microorganism	微生物	
☐ minimum energy	最小エネルギー	
☐ mixture	混合物	

第6章 覚えておきたい理系用語

□ mobile phase	移動相	
□ molar fraction	モル分率	
□ molar mass	モル質量	
□ molar volume	モル体積	
□ molarity	モル濃度	
□ mole	モル	
□ molecular biology	分子生物学	
□ molecular colloid	分子コロイド	
□ molecular crystal	分子結晶	
□ molecular formula	分子式	
□ molecular spectrum [pl. spectra]	分子スペクトル	
□ molecular weight	分子量	
□ molecular weight distribution	分子量分布	
□ molecule	分子	
□ momentum, pl. momenta	運動量	
□ mono-	モノ（1）	
□ mon(o)atomic gas	単原子気体	
□ mon(o)atomic molecule	単原子分子	
□ monomer	モノマー、単量体	
□ monosaccharide	単糖類	
□ most of ~	～の大部分	
□ motion	運動	
□ multicellular organism	多細胞生物	
□ multistep reaction	多段階反応	
□ N shell	N 殻	
□ naphthalene	ナフタレン	
□ natural dye	天然染料	
□ natural frequency	固有振動数	
□ natural gas	天然ガス	
□ natural rubber	天然ゴム	
□ negative charge	負電荷	
□ negative electrode [cathode]	負極、陰極	

□	negative-electrode active material	負極活物質
□	negative element	陰性元素
□	negative integer	負の整数
□	neon	ネオン（Ne）
□	neutral atom	中性原子
□	neutralization	中和
□	neutralization titration	中和滴定
□	neutron	中性子
□	Newton's law of universal gravitation	ニュートンの万有引力の法則
□	Newton's laws of motion	ニュートンの運動の法則
□	Newton's rings	ニュートン環、ニュートン・リング
□	nichrome	ニクロム
□	nitrate fertilizer	硝酸塩肥料
□	nitration	ニトロ化
□	nitric acid	硝酸（HNO_3）
□	nitric ester	硝酸エステル（$RONO_2$（R はアルキル基））
□	nitric monoxide	一酸化窒素（NO）
□	nitro group	ニトロ基（$-NO_2$）
□	nitrogen	窒素（N）
□	nitrogen assimilation	窒素同化
□	nitrogen fixation	窒素固定
□	nitrogen fixation method	窒素固定法
□	nitrogenous	窒素の、窒素を含む
□	noble gas [rare gas]	希ガス元素
□	noble gas group	希ガス族
□	node	（定常波の）節
□	nonconductor	不導体
□	nondestructive inspection	非破壊検査
□	nonelectrolyte	非電解質
□	nonionic surfactant	非イオン界面活性剤
□	nonmetal	非金属
□	nonpolar molecule	無極性分子
□	north pole（N）	N 極

第6章　覚えておきたい理系用語

□ novolac	ノボラック	
□ NOx	ノックス（窒素酸化物（nitrogen oxide）の総称）	
□ nuclear energy	核エネルギー	
□ nuclear fission	核分裂（反応）	
□ nuclear force	核力	
□ nuclear fusion	核融合（反応）	
□ nuclear magnetic resonance	核磁気共鳴（NMR）	
□ nuclear reaction	核反応	
□ nuclear reactor, reactor	原子炉	
□ nucleic acid	核酸	
□ nucleon	核子	
□ nucleotide	ヌクレオチド	
□ nucleus, pl. nuclei	原子核、細胞核	
□ number of revolutions	回転数	
□ nylon	ナイロン	
□ object [body]	物体	
□ occur in ～	～に存在する	
□ odorless	無臭の	
□ ohm	オーム（SI 単位系の電気抵抗の単位）	
□ Ohm's law	オームの法則	
□ oleophilic group	疎油基 cf. lipophilic group 親油基	
□ optical fiber	光ファイバ	
□ optical isomer	光学異性体	
□ optical rotatory power	旋光性	
□ orange II	オレンジ II	
□ orbit	軌道（運動する点の描く軌跡）	
□ orbital	軌道（量子力学の軌道関数）	
□ organ	器官	
□ organic	有機の	
□ organic chemistry	有機化学	
□ organic compound	有機化合物	
□ organic glass	有機ガラス	

□ organic polymer	有機高分子化合物
□ organic reaction	有機反応
□ organic solvent	有機溶媒
□ organic synthesis	有機合成
□ organism [living organism]	生物
□ organization	所属先
□ orientation	配向性
□ ortho-	オルト（o-）
□ osmosis	浸透
□ osmotic pressure	浸透圧
□ outermost electron	最外殻電子
□ oxidation	酸化
□ oxidation number	酸化数
□ oxide	酸化物
□ oxide layer	酸化被膜
□ oxidized coenzyme	酸化型補酵素
□ oxidizing agent	酸化剤
□ oxidoreductase	オキシドレダクターゼ、酸化還元酵素
□ oxonium ion	オキソニウムイオン（旧称はヒドロニウムイオン（hydronium ion））
□ oxygen	酸素（O）
□ oxygen atom	酸素原子
□ ozone	オゾン（O_3）
□ ozone layer	オゾン層
□ ozone layer depletion	オゾン層破壊
□ ozonolysis	オゾン分解
□ pale yellow	淡黄色の、パールイエローの
□ paper chromatography	ペーパークロマトグラフィー
□ para-	パラ（p-）
□ parallel connection	並列接続
□ paramagnetism	常磁性
□ partial pressure	分圧

☐ particle	粒子
☐ passive state [passivity]	不動態
☐ passivity [passive state]	不動態
☐ period	周期
☐ periodic table	周期表
☐ perpetual motion	永久機関
☐ petroleum	石油
☐ pharmaceutical	薬
☐ phase	位相
☐ phase diagram	状態図、相図
☐ phase difference	位相差
☐ phenol	フェノール
☐ phenomenon, pl. phenomena	現象
☐ phospholipid	リン脂質
☐ photochemistry	光化学
☐ photoelectric effect	光電効果
☐ photoelectron	光電子
☐ photon [light-quantum]	フォトン、光子、光量子
☐ photopolymer	感光性樹脂
☐ photosensitivity	感光性
☐ photosynthesis	光合成（こうごうせい）、光合成（ひかりごうせい）
☐ photosynthetic process	光合成プロセス
☐ phototube	光電管
☐ physical	物理学の
☐ physical law	物理法則
☐ physical property	物理特性
☐ physics	物理学
☐ physiology	生理学
☐ pi bond, π-bond	パイ結合（π結合）
☐ pi electron, π-electron	パイ電子（π電子）
☐ pigment	色素
☐ Planck constant	プランク定数
☐ Planck's quantum hypothesis	プランクの量子仮説

□ planet	惑星
□ planetary orbit	惑星軌道
□ plant	植物
□ plasma	プラズマ
□ plasticity	可塑性
□ plating	めっき
□ point charge	点電荷
□ point of application	作用点
□ polar molecule	極性分子
□ polarity	極性
□ polarization	分極
□ polarized light	偏光
□ polyacetylene	ポリアセチレン
□ polycondensation	重縮合
□ polyethylene	ポリエチレン
□ polyisoprene	ポリイソプレン
□ polymer	ポリマー、高分子化合物
□ polymerization	重合
□ polynucleotide	ポリヌクレオチド
□ polypropylene（PP）	ポリプロピレン
□ polystyrene	ポリスチレン
□ polytetrafluoroethylene	ポリテトラフルオロエチレン
	（テフロンの正式名）
□ polyvinyl acetate（PVA）	ポリ酢酸ビニル
□ polyvinyl chloride（PVC）	ポリ塩化ビニル
□ Portland cement	ポルトランドセメント
□ positive charge	正電荷
□ positive colloid	正コロイド
□ positive electrode [anode]	正極、陽極
□ positive element	陽性元素
□ positive hole	正孔
□ positive integer	正の整数
□ positive ion	正イオン、陽イオン

第6章 覚えておきたい理系用語

- ☐ positive-electrode active material　正極活物質
- ☐ positron　陽電子
- ☐ potassium　カリウム（K）
- ☐ potential　電位
- ☐ potential difference　電位差
- ☐ potential energy　位置エネルギー
- ☐ potentiometer　電位差計
- ☐ power transmission　送電
- ☐ predominately　主に
- ☐ pressure　圧力
- ☐ primary coil　一次コイル
- ☐ product　生成物、（かけあわせた）積
- ☐ projectile motion　放物運動
- ☐ promising　有望な、見込みのある
- ☐ propane　プロパン（C_3H_8）
- ☐ propylene　プロピレン
- ☐ protective colloid　保護コロイド
- ☐ protein　タンパク質
- ☐ protium　プロチウム（水素（H）の別名）
- ☐ proton　陽子、プロトン（H^+）
- ☐ pulse wave　パルス波
- ☐ purification　精製

- ☐ qualitative analysis　定性分析
- ☐ quality　質
- ☐ quantitative analysis　定量分析
- ☐ quantity　量
- ☐ quantum condition　量子条件
- ☐ quantum hypothesis　量子仮説
- ☐ quantum mechanics　量子力学
- ☐ quantum number　量子数
- ☐ quantum state　量子状態
- ☐ quartz　石英

□ quartz glass	石英ガラス
□ racemic body	ラセミ体
□ radiation	放射線、放射
□ radioactive	放射性の
□ radioactive carbon	放射性炭素
□ radioactive decay	放射性崩壊
□ radioactivity	放射能（物質から自発的に放射線が放出される現象）
□ radioisotope	ラジオアイソトープ、放射性同位体
□ radiowave	電波
□ Raoult's law	ラウールの法則
□ rare gas [noble gas]	希ガス元素
□ rate equation	反応速度式
□ rate-determining step	律速段階
□ rational formula	示性式
□ react with ～	～と反応する
□ reactance	リアクタンス
□ reactant	反応物
□ reaction	反作用、反応
□ reaction center	反応中心
□ reaction formula	反応式
□ reaction rate	反応速度
□ reactive	反応性が高い、よく反応する
□ real gas	実在気体
□ real image	実像
□ real object	実物体
□ received (date)	受付された日付
□ receptor	レセプター
□ recombination	再結合
□ recrystallization	再結晶
□ rectification	整流作用、精留
□ red rust	赤さび
□ red shift, redshift	赤方偏移

第6章 覚えておきたい理系用語

☐ reduced coenzyme	還元型補酵素
☐ reducing agent	還元剤
☐ reduction	還元
☐ references	参考文献
☐ reflected angle	反射角
☐ refractive angle [angle of refraction]	屈折角
☐ refractive index [index of refraction]	屈折率
☐ refrigerant	冷却剤
☐ relation(ship)	関係
☐ relative dielectric constant	比誘電率
☐ relative mass	相対質量
☐ release	放出する
☐ rely on ～	～に依存する
☐ remain at rest	静止し続ける
☐ remove	取り除く、取り去る
☐ replicate	再現する、複製する
☐ resistance	抵抗、耐性
☐ resistivity	抵抗率
☐ resonance	共振、共鳴
☐ resonance circuit	共振回路
☐ resonance frequency	共振周波数
☐ respiration	呼吸
☐ restoring force	復元力
☐ result	結果
☐ reverse osmosis	逆浸透
☐ reverse osmosis membrane	逆浸透膜
☐ reverse reaction	逆反応
☐ reversible change	可逆変化
☐ reversible reaction	可逆反応
☐ ribonucleic acid (RNA)	リボ核酸（RNA）
☐ ribosome	リボソーム
☐ right-handed screw law	右ねじの法則
☐ rigid body	剛体

□ RNA（ribonucleic acid）	RNA（リボ核酸）
□ room temperature	室温
□ root-mean-square velocity	二乗平均速度
□ rotational motion	回転運動
□ row	行、（行列の）行
□ rubber	ゴム
□ rust	さび
□ Rydberg constant	リュードベリ定数
□ Rydberg formula	リュードベリの式
□ salt	塩
□ salting-out	塩析
□ saponification	けん化
□ saturated compound	飽和化合物
□ saturated vapor pressure	飽和蒸気圧
□ science-based	科学に基づく
□ second law of thermodynamics	熱力学第二法則
□ second order reaction	二次反応
□ secondary battery	二次電池（再充電してくりかえし使用できる電池）
□ secondary coil	二次コイル
□ semiconductor	半導体
□ semipermeable membrane	半透膜
□ sensor	センサ
□ separation	分離
□ series connection	直列接続
□ shared electron pair	共有電子対
□ shell	殻
□ side effect	副作用
□ sidereal month	恒星月
□ sidereal period	恒星周期
□ sidereal year	恒星年
□ sigma bond, σ-bond	シグマ結合、σ結合
□ significant figure	有効数字

第6章 覚えておきたい理系用語

189

☐ silica	シリカ（二酸化ケイ素）
☐ silicon	シリコン（Si）
☐ silicon carbide	炭化ケイ素（SiC）
☐ silicon dioxide	二酸化ケイ素（SiO_2）
☐ silicon nitride	窒化ケイ素（Si_3N_4）
☐ silicone resin	シリコーン樹脂
☐ silicone rubber	シリコーンゴム
☐ silver	銀（Ag）
☐ simple harmonic motion	単振動
☐ simple pendulum	単振り子
☐ simultaneously	同時に
☐ single bond	単結合、一重結合
☐ small amounts of ～	少量の～
☐ Snell's law	スネルの法則
☐ sodium	ナトリウム（Na）
☐ softening temperature	軟化点
☐ sol	ゾル
☐ solar system	太陽系
☐ solder	はんだ
☐ solenoid	ソレノイド
☐ solid	固体
☐ solid phase	固相
☐ solid solution	固溶体
☐ solidification	凝固（タンパク質が加熱されて固まる凝固は、coagulation）
☐ solubility curve	溶解度曲線
☐ solubility product	溶解度積
☐ solute	溶質
☐ solution	溶液
☐ solvation	溶媒和
☐ solvent	溶媒
☐ south pole（S）	S極
☐ special theory of relativity	特殊相対性理論
☐ specific heat	比熱

□ spectral series	スペクトル系列	
□ spectrum, pl. spectra	スペクトル	
□ speed	速さ（速度ベクトルの大きさを指すスカラー量）	
□ spherical wave	球面波	
□ spring	ばね	
□ spring constant	ばね定数	
□ spring's end	ばね端面	
□ stainless steel	ステンレス鋼	
□ standard atmospheric pressure	標準大気圧	
□ standard solution	標準溶液	
□ standard temperature and pressure（STP）	標準温度・圧力	
□ standing wave	定常波、定在波	
□ starch	でんぷん	
□ stationary state	定常状態	
□ steel	鋼	
□ stereoisomer	立体異性体	
□ stereoregular polymerization	立体規則性重合	
□ storage battery	蓄電池	
□ strain	歪み	
□ stress	応力	
□ stroma	ストロマ	
□ strong acid	強酸	
□ strong base	強塩基	
□ structural formula	構造式	
□ study	研究	
□ styrene	スチレン	
□ styrene-butadiene rubber（SBR）	スチレン-ブタジエンゴム	
□ sublimation	昇華	
□ substance	物質	
□ substitution reaction	置換反応	
□ such as ～	例えば～など	
□ sulfo group	スルホ基（$-SO_2(OH)$）	
□ sulfonation	スルホン化	

第6章 覚えておきたい理系用語

sulfur dioxide	二酸化硫黄（SO_2）
sulfuric acid	硫酸（H_2SO_4）
sulfuric ester	硫酸エステル
sulfurous acid	亜硫酸（H_2SO_3）
summary [conclusion]	まとめ、結論
sunlight	太陽光
superconductivity	超伝導
supercooling	過冷却
superposition principle	重ね合わせの原理
supersaturation	過飽和
surface	表面
surface tension	表面張力
surface wave	表面波
surface-active agent	界面活性剤
suspension	懸濁液
sustainable energy	持続可能なエネルギー
swelling	膨潤
symbol of element	元素記号
synthetic chemistry	合成化学
synthetic dye	合成染料
synthetic fiber	合成繊維
synthetic polymer	合成高分子（化合物）
synthetic resin	合成樹脂
synthetic rubber	合成ゴム
system of units	単位系
take in	取り入れる
take-off angle	取り出し角
Teflon	テフロン
tellurium	テルル（Te）
temperature	温度
tensile strength	引張強度
tension	張力

☐ terephthaloyl dichloride	テレフタル酸ジクロリド	
☐ term	用語、（数式や数列の）項	
☐ terminal voltage	端子電圧	
☐ terminology	専門用語	
☐ terrestrial magnetism	地磁気	
☐ theoretical calculation	理論計算	
☐ theoretically-derived	理論的に導き出された	
☐ theoretically-predicted	理論的に予測された	
☐ theory	理論	
☐ thermal decomposition	熱分解	
☐ thermal efficiency	熱効率	
☐ thermal energy	熱エネルギー	
☐ thermal equilibrium	熱平衡	
☐ thermal expansion	熱膨張	
☐ thermal motion	熱運動	
☐ thermal radiation	熱放射、熱輻射	
☐ thermochemical equation	熱化学方程式	
☐ thermoplastic resin	熱可塑性樹脂	
☐ thermosetting resin	熱硬化性樹脂	
☐ thin film	薄膜	
☐ third law of thermodynamics	熱力学第三法則	
☐ three states of matter	物質の三態	
☐ threshold	しきい値、スレッシホールド	
☐ threshold frequency	限界振動数	
☐ threshold wavelength	限界波長	
☐ thylakoid	チラコイド	
☐ thymine (T)	チミン	
☐ tissue	（細胞の）組織	
☐ title	タイトル（論文の題名）	
☐ titration	滴定	
☐ titration curve	滴定曲線	
☐ total pressure	全圧	
☐ total reflection	全反射	

第6章 覚えておきたい理系用語

☐ toxic	毒性がある、有毒な
☐ tracer	トレーサー
☐ trans form	トランス形
☐ transcription	転写
☐ transfer RNA（tRNA）	トランスファー RNA
☐ transformer	変圧器、トランス
☐ transistor	トランジスタ
☐ transition element	遷移元素
☐ transition interval	変色域
☐ translational motion	並進運動
☐ transverse wave	横波
☐ trap	閉じ込める、捕まえる、捕捉する、捕捉、トラップ
☐ trimer	トリマー、三量体
☐ triple bond	三重結合
☐ triple point	三重点
☐ tritium	三重水素、トリチウム
☐ trivial name	慣用名
☐ trough	谷（波形の最も低いところ）
☐ tube	チューブ
☐ tuned circuit, tuning circuit	同調回路
☐ tuning	同調
☐ Tyndall phenomenon	チンダル現象
☐ ultramicroscope	限外顕微鏡
☐ ultrasonic wave	超音波
☐ ultraviolet radiation	紫外線（放射）
☐ under standard conditions	標準状態で
☐ under standard temperature and pressure	標準の温度・圧力下で
☐ unicellular organism	単細胞生物
☐ uniform circular motion	等速円運動
☐ uniform motion	等速度運動
☐ unit	単位
☐ unit cell	単位格子

□ universal gravitation	万有引力
□ universal gravitational constant	万有引力定数
□ unpaired electron	不対電子
□ unsaturation	不飽和
□ urea resin	尿素樹脂
□ valence, valency	価数
□ valence electron	価電子
□ value	値
□ van der Waals force	ファン・デル・ワールス力
□ van der Waals radius	ファン・デル・ワールス半径
□ van't Hoff's factor	ファント・ホッフの係数
□ van't Hoff's law of osmotic pressure	ファント・ホッフの浸透圧の法則
□ vapor pressure	蒸気圧
□ vapor pressure curve	蒸気圧曲線
□ vaporization	気化
□ velocity	速度（速度ベクトル量）
□ velocity distribution	速度分布
□ velocity distribution function	速度分布関数
□ vibrate	振動する
□ vinyl chloride	塩化ビニル
□ virtual image	虚像
□ visible light	可視光
□ volt	ボルト（電位、電位差、電圧の単位）
□ voltage	電圧
□ voltage drop	電圧降下
□ voltaic cell	ボルタ電池
□ voltmeter	電圧計
□ vulcanization	加硫
□ water pressure	水圧
□ water-absorbing polymer	吸水性ポリマー
□ wave	波

第6章 覚えておきたい理系用語

☐ wave function	波動関数
☐ waveform	波形
☐ wavelength	波長
☐ wave-particle duality	波動と粒子の二重性
☐ weak acid	弱酸
☐ weak base	弱塩基
☐ weight	重さ
☐ Wheatstone bridge	ホイートストン・ブリッジ
☐ white light	白色光
☐ with the aim of ～	～を目的として
☐ work	仕事
☐ work function	仕事関数
☐ xenon	キセノン（Xe）
☐ xerogel	キセロゲル
☐ X-ray	X 線
☐ X-ray diffraction（XRD）	X 線回折
☐ X-ray spectrum, pl. X-ray spectra	X 線スペクトル
☐ zeolite	沸石
☐ zeroth law of thermodynamics	熱力学第 0 法則

あとがき

　私も、理系英語の読み書きでは、ずいぶんと苦労しました。それゆえ、自分自身の実体験をベースにして、なるべく少ない労力で理系英語を身に付けるにはどうしたらよいかを考え、本書を執筆しました。本書は、コンパクトな理系英語の入門書ですが、内容はかなり充実していると自負しています。

　初めは、理系英語を読めるようになるのに悪戦苦闘しました。英語で書かれた理系専門書を初めて読んだのは、大学3年生で配属された研究室のゼミの時です。毎週1回90分のゼミで、1年かけて、約300ページの英語の専門書を読み通すゼミでした。毎回、専門書10ページ程度を、配属された学生が交代で日本語に訳し、内容説明をしていきます。必要に応じて、教授、助教授、助手の教官が、日本語訳が適切かどうかをチェックし、用語の意味や内容について質問を加え、学生がその質問に答えるものでした。このゼミが、初めはとても嫌でした。予習には、まるまる1週間かかりました。理化学辞典や他の辞書、それに日本語の専門書などをひもとき、（早くは読めないので）毎日コツコツと1週間かけて予習しました。しかし、1週間かけて必死に予習した10ページ分が、わずか90分で終わってしまいます。

　加えて、教官から質問された内容も、それまで不勉強だった私は知識不十分で、よく理解できなかったり、適切に答えられないこともたびたびでした。ゼミが終わった後、またつらい予習の1週間が始まるのか、とよくため息をつきました。そのゼミで、英語で書かれた専門書を読み込むことを3、4か月、歯を食いしばってやっていくと、少しずつ、専門書を読むスピードが上がっていくのを実感しました。初めは知らなかった英語の理系用語が、何度も出てくるため覚えてしまったことで、理化学辞典などを引く回数が減ってきたためでした。理系英語そのものは、英文としては難しくありません。そのため、理系用語を覚えるとどんどん読めるようになっていきました（もちろん書かれている内容の専門知識も少しずつ増えてきましたので）。1年かけて、英語で書かれた専門書を1冊読み通したことで、英語の理系用語についてかなりの知識が身に付きました。一番の収穫は、「理系英語は難しくない！」という実体験ができたことでした。

　大学4年生で卒業研究をするようになると、英語で書かれた研究論文を読むようになりましたが、書かれている内容が理解できるかどうかは別として、理系英語を読むのが難しいと感じたことはあまりありません。3年生のゼミで苦労したことで、理系英文がかなり読めるようになっていたからです。この実体験から、理系英語を読みこなせるかどうかは、「英語の理系用語を知っているかどうかにかかっている」と断言できます。この点については、本

書にも書きました。

　研究論文を英語で書くのにも、苦労しました。修士論文の内容は、指導教官が英語の論文にして海外の学術雑誌に掲載されましたが、私自身は英語論文を書いていません。自分で初めて英語で書いた論文は、その後、日米の学術雑誌に、それぞれ速報とフルペーパーという形で掲載されました。当時は、どのように論文を書いてよいのかわからず、ネイティブの研究者が書いた論文の英語表現をいろいろとまねながら、試行錯誤して論文原稿を仕上げました。英語で書いた論文が学術雑誌に掲載された時は、非常にうれしかったのをよく覚えています。当時は、レーザープリンターが普及する直前で、論文原稿はタイプライターで印字することがまだ多い時代でした。しかし、パソコンの WORD ソフトが登場してきて、パソコンで作った論文原稿を電動タイプライターから自動で印字できました。ですから、タイプライターで直接打って印字するのは、書式の決まった国際会議の Proceedings（予稿集）の原稿をタイプする時や、他の研究者の投稿論文を査読依頼された時に、コメントを所定の書類に英語でタイプする時ぐらいでした。

　こうして、修士修了後に異なる分野の研究に没頭した10年間で、16報の研究論文を英語で書き、幸いすべて日米欧の学術雑誌に掲載されました。論文を英語で書いてきた実体験から、理系英語を書けるようになるには、「ネイティブの英語論文表現をまねるのが一番の早道」と断言できます。この点についても、本書に書きました。

　本書が出来上がった今、英語で書かれた専門書を読むのに苦労した大学 3 年生の時のゼミのこと、そして、異なる分野にチャレンジし、ネイティブの英語論文表現をまねながら論文を必死に英語で書いていた若いころが懐かしく思い出されます。

　手前みそになりますが、私が学生の時にもし本書があれば、理系英語の習得に、そんなに苦労しないで済んだはずです。

　最後に、次の言葉をみなさんに贈り、みなさんの健闘を期待します。

All things are difficult before they are easy.
何事も初めは難しく、やがて易しくなるもの。

著者紹介：

臼井 俊雄（うすい　としお）

1958年東京生まれ。1984年千葉大学大学院工学研究科修士課程修了。

1992年東京工業大学より博士（工学）の学位を取得。

研究開発、輸出関連業務に従事。

社団法人日本金属学会評議員、中華人民共和国南京市日本商工倶楽部理事を歴任。

好きなことは、世界の美術館、博物館、名所、名跡めぐり。

お酒はビールが大好き。

著書は

　「CD BOOK　本気で鍛える英語」

　「英米人のものの見方を理解するための教養の英語」

　「CD BOOK　教養としての理系の英語：数式の読み方から理系の英語表現・語彙」

　「MP3 CD-ROM 付き　科学の知識と英語を身につける」

　「由来とつながりがわかる英単語語源マップ」

　「LONDON WALK　イギリス英語とロンドンの歴史・文化を一緒に学ぶ

　　　［音声 DL 付き］」（共著）（以上ベレ出版）

など多数。

カバーデザイン、イラスト ● オフィス sawa 澤田佐和子
本文デザイン、DTP、イラスト ● 株式会社新後閑

論文・レポートを読み書きする
ための理系基礎英語

2018年7月27日　初版　第1刷発行

著　者　臼井 俊雄
発行者　片岡 巌
発行所　株式会社技術評論社
　　　　東京都新宿区市谷左内町 21-13
　　　　電話　03-3513-6150 販売促進部
　　　　　　　03-3267-2270 書籍編集部
印刷／製本 昭和情報プロセス 株式会社

定価はカバーに表示してあります。

本の一部または全部を著作権の定める範囲を超え、無断で複写、
複製、転載、テープ化、あるいはファイルに落とすことを禁じます。

©2018　臼井 俊雄

造本には細心の注意を払っておりますが、万一、乱丁（ページの乱
れ）や落丁（ページの抜け）がございましたら、小社販売促進部
までお送りください。送料小社負担にてお取り替えいたします。

ISBN 978-4-7741-9857-6 C2082
Printed in Japan

● 本書に関する最新情報は、技術評論社
ホームページ（http://gihyo.jp/）を
ご覧ください。
● 本書へのご意見、ご感想は、技術評論
社ホームページ（http://gihyo.jp/）
または以下の宛先へ書面にてお受けし
ております。電話でのお問い合わせに
はお答えいたしかねますので、あらか
じめご了承ください。

〒162-0846
東京都新宿区市谷左内町 21-13
株式会社技術評論社書籍編集部
『論文・レポートを読み書きするための
理系基礎英語』係
FAX：03-3267-2271